近代精神文化系列

无政府主义思潮史话

A Brief History of
the Anarchist Thoughts in China

汤庭芬 / 著

社会科学文献出版社
SOCIAL SCIENCES ACADEMIC PRESS (CHINA)

图书在版编目（CIP）数据

无政府主义思潮史话/汤庭芬著.—北京：社会科学文献出版社，2011.7
（中国史话）
ISBN 978-7-5097-2054-7

Ⅰ.①无… Ⅱ.①汤… Ⅲ.①无政府主义-思想史-中国-近代 Ⅳ.①D091.6

中国版本图书馆 CIP 数据核字（2011）第 111389 号

"十二五"国家重点出版规划项目

中国史话·近代精神文化系列

无政府主义思潮史话

著　　者／汤庭芬

出 版 人／谢寿光
总 编 辑／邹东涛
出 版 者／社会科学文献出版社
地　　址／北京市西城区北三环中路甲 29 号院 3 号楼华龙大厦
邮政编码／100029

责任部门／人文科学图书事业部　（010）59367215
电子信箱／renwen@ssap.cn
责任编辑／赵云田
责任校对／宋淑洁
责任印制／郭　妍　岳　阳
总 经 销／社会科学文献出版社发行部
　　　　　（010）59367081　59367089
读者服务／读者服务中心　（010）59367028

印　　装／北京画中画印刷有限公司
开　　本／889mm×1194mm　1/32　印张／5.5
版　　次／2011 年 7 月第 1 版　　字数／101 千字
印　　次／2011 年 7 月第 1 次印刷
书　　号／ISBN 978-7-5097-2054-7
定　　价／15.00 元

本书如有破损、缺页、装订错误，请与本社读者服务中心联系更换
版权所有　翻印必究

《中国史话》
编辑委员会

主　　任　陈奎元

副 主 任　武　寅

委　　员　(以姓氏笔画为序)

　　　　　卜宪群　王　巍　刘庆柱

　　　　　步　平　张顺洪　张海鹏

　　　　　陈祖武　陈高华　林甘泉

　　　　　耿云志　廖学盛

总　序

中国是一个有着悠久文化历史的古老国度，从传说中的三皇五帝到中华人民共和国的建立，生活在这片土地上的人们从来都没有停止过探寻、创造的脚步。长沙马王堆出土的轻若烟雾、薄如蝉翼的素纱衣向世人昭示着古人在丝绸纺织、制作方面所达到的高度；敦煌莫高窟近五百个洞窟中的两千多尊彩塑雕像和大量的彩绘壁画又向世人显示了古人在雕塑和绘画方面所取得的成绩；还有青铜器、唐三彩、园林建筑、宫殿建筑，以及书法、诗歌、茶道、中医等物质与非物质文化遗产，它们无不向世人展示了中华五千年文化的灿烂与辉煌，展示了中国这一古老国度的魅力与绚烂。这是一份宝贵的遗产，值得我们每一位炎黄子孙珍视。

历史不会永远眷顾任何一个民族或一个国家，当世界进入近代之时，曾经一千多年雄踞世界发展高峰的古老中国，从巅峰跌落。1840年鸦片战争的炮声打破了清帝国"天朝上国"的迷梦，从此中国沦为被列强宰割的羔羊。一个个不平等条约的签订，不仅使中国大量的白银外流，更使中国的领土一步步被列强侵占，国库亏空，民不聊生。东方古国曾经拥有的辉煌，也随着西方列强坚船利炮的轰击而烟消云散，中国一步步堕入了半殖民地的深渊。不甘屈服的中国人民也由此开始了救国救民、富国图强的抗争之路。从洋务运动到维新变法，从太平天国到辛亥革命，从五四运动到中国共产党领导的新民主主义革命，中国人民屡败屡战，终于认识到了"只有社会主义才能救中国，只有社会主义才能发展中国"这一道理。中国共产党领导中国人民推倒三座大山，建立了新中国，从此饱受屈辱与蹂躏的中国人民站起来了。古老的中国焕发出新的生机与活力，摆脱了任人宰割与欺侮的历史，屹立于世界民族之林。每一位中华儿女应当了解中华民族数千年的文明史，也应当牢记鸦片战争以来一百多年民族屈辱的历史。

当我们步入全球化大潮的 21 世纪，信息技术革命迅猛发展，地区之间的交流壁垒被互联网之类的新兴交流工具所打破，世界的多元性展示在世人面前。世界上任何一个区域都不可避免地存在着两种以上文化的交汇与碰撞，但不可否认的是，近些年来，随着市场经济的大潮，西方文化扑面而来，有些人唯西方为时尚，把民族的传统丢在一边。大批年轻人甚至比西方人还热衷于圣诞节、情人节与洋快餐，对我国各民族的重大节日以及中国历史的基本知识却茫然无知，这是中华民族实现复兴大业中的重大忧患。

中国之所以为中国，中华民族之所以历数千年而不分离，根基就在于五千年来一脉相传的中华文明。如果丢弃了千百年来一脉相承的文化，任凭外来文化随意浸染，很难设想13亿中国人到哪里去寻找民族向心力和凝聚力。在推进社会主义现代化、实现民族复兴的伟大事业中，大力弘扬优秀的中华民族文化和民族精神，弘扬中华文化的爱国主义传统和民族自尊意识，在建设中国特色社会主义的进程中，构建具有中国特色的文化价值体系，光大中华民族的优秀传统文化是一件任重而道远的事业。

当前，我国进入了经济体制深刻变革、社会结构深刻变动、利益格局深刻调整、思想观念深刻变化的新的历史时期。面对新的历史任务和来自各方的新挑战，全党和全国人民都需要学习和把握社会主义核心价值体系，进一步形成全社会共同的理想信念和道德规范，打牢全党全国各族人民团结奋斗的思想道德基础，形成全民族奋发向上的精神力量，这是我们建设社会主义和谐社会的思想保证。中国社会科学院作为国家社会科学研究的机构，有责任为此作出贡献。我们在编写出版《中华文明史话》与《百年中国史话》的基础上，组织院内外各研究领域的专家，融合近年来的最新研究，编辑出版大型历史知识系列丛书——《中国史话》，其目的就在于为广大人民群众尤其是青少年提供一套较为完整、准确地介绍中国历史和传统文化的普及类系列丛书，从而使生活在信息时代的人们尤其是青少年能够了解自己祖先的历史，在东西南北文化的交流中由知己到知彼，善于取人之长补己之短,在中国与世界各国愈来愈深的文化交融中,保持自己的本色与特色,将中华民族自强不息、厚德载物的精神永远发扬下去。

《中国史话》系列丛书首批计200种,每种10万字左右,主要从政治、经济、文化、军事、哲学、艺术、科技、饮食、服饰、交通、建筑等各个方面介绍了从古至今数千年来中华文明发展和变迁的历史。这些历史不仅展现了中华五千年文化的辉煌,展现了先民的智慧与创造精神,而且展现了中国人民的不屈与抗争精神。我们衷心地希望这套普及历史知识的丛书对广大人民群众进一步了解中华民族的优秀文化传统,增强民族自尊心和自豪感发挥应有的作用,鼓舞广大人民群众特别是新一代的劳动者和建设者在建设中国特色社会主义的道路上不断阔步前进,为我们祖国美好的未来贡献更大的力量。

陈奎元

2011年4月

作者小传

汤庭芬，1956年生，中共党员，法学博士，教授，享受国务院特殊津贴专家，现任深圳市社会科学联合会秘书长，深圳市社会科学院政法研究所所长。主要从事政治学与行政管理学的理论与实践和中国政治思想史的研究，主持过国家、省、市和部委办以及深圳市各局委办、各区的40余项科研项目的研究，取得了丰硕的成果，现有专著和参与撰写的著作20余部，发表学术论文200余篇，研究报告40多篇，总计成果400余万字，在国内外同行中具有一定影响。

其主要代表作有：《中国无政府主义研究》、《邓小平治国思想》、《当代中国政治发展问题研究》、《基层民主与基层组织建设研究》等。

目 录

引 言 ………………………………………… 1

一 中国无政府主义思潮的思想来源 ………… 7
  1. 葛德文与《政治正义论》………………… 7
  2. 施蒂纳与《唯一者及其所有物》………… 8
  3. 蒲鲁东——无政府主义的祖师爷 ………… 9
  4. 巴枯宁及其无政府集产主义 …………… 12
  5. 克鲁泡特金及其无政府共产主义 ……… 15
  6. 无政府工团主义 ………………………… 19

二 无政府主义在中国的最初传播 …………… 21
  1. 资产阶级改良派对无政府主义的介绍 … 21
  2. 资产阶级革命派对无政府主义的介绍 … 25
  3. 无政府主义在中国找到立足点的缘由 … 31

三 中国留日学生中的无政府主义派 ………… 35
  1. 日本无政府主义运动对中国留学生的
     影响 ……………………………………… 36
  2. 天义派的组织机构——"社会主义
     讲习会" ………………………………… 39
  3. 天义派的无政府主义政治思想 ………… 43

四 中国旅法人士中的无政府主义派 ········· 52
1. 新世纪派的组织机构及其活动 ········· 52
2. 新世纪派的无政府主义政治思想 ······· 55
3. 资产阶级革命派对无政府主义派的斗争 ··· 64

五 民国初年的无政府主义思潮 ··········· 67
1. 沙淦、乐无与社会党 ··············· 68
2. 晦鸣学舍与《晦鸣录》 ············· 72

六 刘师复的无政府主义政治思想 ········· 79
1. 师复其人及其活动 ················ 79
2. 师复的无政府主义政治思想 ········· 81

七 五四时期无政府主义思潮的泛滥 ······· 91
1. 无政府主义的三大流派 ············ 92
2. 马克思主义反对无政府主义的斗争 ····· 98
3. 无政府主义派的分化 ·············· 109

八 大革命时期的无政府主义思潮 ········· 115
1. 大革命时期无政府主义的活动概述 ····· 116
2. 无政府主义在理论上的新变化 ······· 122
3. "安国合作",共同反共 ············· 129

九 无政府主义在中国的破产 ············· 143
1. 一部分人投靠国民党,反对共产党 ····· 143
2. 一部分人斥责国民党,同情共产党 ····· 145
3. 在无政府主义道路上顽强挣扎 ······· 147
4. 消失于抗日战争的洪流之中 ········· 150

结束语 ······························ 152

参考书目 ···························· 154

引 言

无政府主义是国际工人运动中的一股小资产阶级社会政治思潮,产生于资本主义矛盾开始激化的19世纪中叶。19世纪80年代末期,这种思潮从欧洲、日本传入中国以后,与中国传统的均平思想、老庄的无为思想、西方的空想社会主义思潮杂糅混合,形成中国式的无政府主义理论体系。

与西方无政府主义相比,中国无政府主义具有鲜明的思想特色。第一,西方无政府主义主张放弃政治斗争。蒲鲁东主义"以放弃政治运动作为主要信条"。蒲鲁东以后的巴枯宁主义、克鲁泡特金主义都是如此。马克思指出:"当事件本身把无产阶级推上前台,放弃政治就成为一种显然的荒谬行为"。欧洲工人运动的高涨,1871年的巴黎起义,使无政府主义的空谈和"政治冷淡主义"彻底破产了。中国无政府主义则有所不同。中国人在寻求救国救民的"方案"的过程中,把无政府主义作为能彻底解决中国问题的"良方"加以接受,它的出发点就是参与政治运动;接受了无政府主义的人与中国的民主革命派关系密切,新世纪派和天义派的成员都曾是同盟会会员,在资产阶级革命派反对改良派的斗争中,新世纪派站在革命派一边,批判改良派。五四时期,无政府主义者参加了反帝爱国运动,有的演讲,有的参加了游行等活动。中国无政府主义派类似于俄国的民粹派,一度是民主主义的"伴侣"。第二,中国无政府主义的思想成分复杂,除了西方无政府主义思想影响外,还夹杂有中国的传统思想,包括儒家的"大同思想",老庄的"无为"思想和"虚无"思想,地主阶级开明人士及农民的"均平"思想,还有一些其他空想社会主义派别的思想,如巴贝夫的平等思想和暗杀手段,傅立叶的职业轮换设想,圣西门、欧文的新村实践活动,等等。这些思想的混杂,使中国的无政府主义在思想上不同于欧洲的无政府主义,带有马克思主义产生以前欧洲空想社会主义的某些特征,在马克思主义传入中国以前,也多少起了这种空想社会主义的作用。第三,中国无政府主义活动的社会历史环境是不同于欧洲无政府主义的,因而具有不同于后者的历史作用。欧洲无政府主义活动于自由资本主义时代,活动于马克思主义产生之后,它反对马克思主义,腐蚀工人群众的社会主义意识,分裂工人运动,对于蓬勃发展的社会主义运动来说一开始就是一种反动思潮。而中国无政府主义与马克思主义及社会主义运动的关系则复杂得多。中国人最初接触社会主义的时候,对社会主义的各种派别没法鉴别区分。无政府主义、基尔特社会主义等都笼统作为社会主义传入中国。在中国共产党成立以前,中国无政府主义对科学社会主义作过一些介绍，如《共产党宣言》的部分章节就是由无政府主义者最先译为中文并介绍给中国人民的。在这一时期，它基本上不是腐蚀人民群众的社会主义意识（事实上科学社会主义还没有在工人群众中传播），而是启蒙了人们的社会主义意识。很多早期共产主义知识分子如陈独秀、李大钊、毛泽东、周恩来、恽代英、彭湃、瞿秋白、邓颖超、施洋、施存统等，都曾信仰过无政府主义，他们还身体力行，进行过无政府共产新生活的实验。有人还与无政府主义者有过一段短暂的合作。从建党筹备工作开始，无政府主义与马克思主义的原则区别才暴露出来，无政府主义者反对建立无产阶级的政党，反对无产阶级专政，反对民主集中制，与马克思主义争夺工人群众。这些理所当然地受到马克思主义者的批判，中国的无政府主义开始反对马克思主义，并逐步走上了反苏、反共、反对中国共产党领导的新民主主义革命的道路。中国无政府主义与马克思主义的这种复杂关系，是欧洲无政府主义所不曾有过的。

无政府主义与科学社会主义具有原则区别。这种区别之一就是要不要一个无产阶级的政党，要不要按民主集中制原则建党。科学社会主义主张无产阶级为了完成自己的使命，必须建立一个自己的政党。马克思早在为国际工人协会写的共同章程中就指出："工人阶级在反对有产阶级联合权力的斗争中，只有组织成为与有产阶级建立的一切旧政党对立的独立政党，才能作为一个阶级来行动。"毛泽东同志在总结我国革命斗争经验时也指出："既要革命，就要有一个革命党。没有一个革命的党，没有一个按照马克思列宁主义的革命理论和风格建立起来的革命党，就不可能领导工人阶级和广大人民群众战胜帝国主义及其走狗。"中国革命斗争的历史经验已经证明，马克思主义关于无产阶级政党的理论是千真万确的真理。中国无政府主义不要政党，靠教育感化，靠"众人起事"，靠"工团""直接行动"等等，只会把中国革命引向歧途。中国的革命是如此，中国的建设也是如此。我们要建设有中国特色的社会主义，只有在中国共产党的领导下才能实现。任何削弱党的领导，反对党的论调都是错误的。

科学社会主义与中国无政府主义的另一个区别就是要不要民主集中制原则。民主集中制原则是马克思列宁主义的组织原则，是无产阶级政党区别于其他政党的重要标志之一。只有民主集中制，才能保证党的团结和统一，才能使党具有坚强的战斗力。正如列宁所说："无产阶级的无条件的集中制和极严格的纪律，是战胜资产阶级的基本条件之一。"中国的无政府主义者竭力反对民主集中制原则，把民主集中制当作是专制统治，他们主张愿意就参加，不愿意就退出，赞成的就执行，不赞成的可以不执行。按照他们的方式行事，就会出现一盘散沙，不会形成有力的阶级队伍，不能达到推翻剥削阶级制度的目的。

科学社会主义与中国无政府主义还有一个区别就是要不要无产阶级专政。列宁说："只有承认阶级斗争、同时也承认无产阶级专政的人，才是马克思主义者。"无产阶级专政是指无产阶级的政治统治，是在无产阶级和劳动人民内部实行民主和对少数剥削者实行专政的新型国家政权。无政府主义者反对一切国家，当然也反对无产阶级专政国家。无政府主义的著名代表巴枯宁就曾主张在一个早上"炸毁"一切国家。中国的无政府主义者也继承了这一原则，他们反对把无产阶级专政写进党的章程，对无产阶级专政进行攻击谩骂。

科学社会主义与无政府主义的区别归结到世界观上，就是历史唯物主义与历史唯心主义的对立，在个人与社会的关系上，就是集体主义原则与个人主义原则的对立。集体主义认为社会、集体的利益高于一切，要求一切从无产阶级和劳动人民的整体利益和根本利益出发，坚持个人利益服从集体利益，局部利益服从整体利益。而无政府主义则与此相反，是以个人主义为基础的，无政府主义主张绝对自由，绝对平等，均是以个人为核心、为出发点的。中国的无政府主义者黄凌霜曾宣称："无政府主义以个人为万能，因而为极端'自由主义'，所以，无政府主义乃个人主义的好朋友。"他们从个人出发，反对任何国家，反对政党组织，反对民主集中制原则以及无产阶级专政。正如列宁所说："个人主义是无政府主义整个世界观的基础。"

无政府主义思潮在中国近代史上经过几起几落，最后于20世纪40年代破产，作为一种政治思潮、一个政治派别退出了中国的政治历史舞台。但是，它并没有绝迹，一遇社会动荡，就会滋生蔓延，迷惑一些人，特别是一些年轻人，征服其中的意志薄弱者和认识模糊者。因此，在建设有中国特色社会主义的新时期，重温历史，弄清中国无政府主义思想兴起、发展和破灭的历史过程，弄清其思想内容和基本特点，总结历史上反对无政府主义的经验教训，划清科学社会主义与无政府主义的界限，这对于执政的中国共产党的建设，对于社会主义民主和法制建设，对于增强人们的法制观念都具有重要意义。

一 中国无政府主义思潮的思想来源

欧洲无政府主义是中国无政府主义的主要思想来源,要弄清中国无政府主义思潮,首先必须了解欧洲的无政府主义。

 **葛德文与《政治正义论》**

欧洲无政府主义的最早提倡者是英国人葛德文。他是18世纪英国的小资产阶级社会主义者。他的思想在早期工人运动中有过相当的影响。1793年,葛氏出版了《政治正义论》,这部著作后来被西方有些学者视为"近代无政府主义的圣经"。在该书中,他强调道德和理性的作用,反对强制和服从,主张个人绝对自由。他认为人类应当取消一切政府,因为政府是一种强制力量,它会造成人对人的"屈从",而屈从是一种邪恶。他主张个人应当自己做主,而不应当受到人的管理和支配。社会应当由个人的理性来支配和协调。未来的社会将是没有国家和政府统治的许多小型的自由

公社的集合体，他反对一切法律，主张任何纠纷都依靠善义和常识来鉴别，通过协商和体谅来处理。他甚至认为教育也只应根据人们自己的愿望和兴趣来进行，决不应该对任何儿童和成年人讲授他们不愿学习的东西，因为强制性的教育会变成一种思想灌输，会损害被教育者自行探求真理的独立精神。葛德文还认为财富的分配形式应是按需分配，按所有权进行分配是不平等的，不符合人类的理性；按劳分配也是不公正的，因为每个人的能力有大小。只有按需分配是合乎人的理性的。

 施蒂纳与《唯一者及其所有物》

继葛德文之后提出无政府主张的是德国人施蒂纳。施蒂纳原是一个贫穷的知识分子和破产的小资产者，信奉黑格尔的唯心主义哲学，为当时的黑格尔左派代表之一。1844年，他在《唯一者及其所有物》一书中阐明了个人无政府主义的基本原理。施蒂纳从自我出发，说自我是先于一切而有的，一切东西应当以自我为主体。世界上"除我之外，一无所有"。"我把一切都归于我"，"我是造物主和唯一的创造物"，是世界历史的动力。他认为，只有利己的个人才是唯一实在的、合理的存在物，"是世界上的唯一者"，财产、道德、宗教以至整个社会历史，都是"唯一者"及"我"的产物，"打倒一切完全不是自己的东西，对我来说，再没有什么比我更高的了"。

施蒂纳把阶级压迫和阶级剥削的根源归咎于国家和政府，他主张打倒一切国家，宣称"我向任何国家，甚至是最民主的国家宣战"，"我是国家的死敌，永远二者择一：国家或者我"。他反对一切政府，宣称"在每一个国家中，不管是君主国、共和国和人民国家，都有一个政府站在我之上，不管哪一种对我都不好"。他认为，一切政府对个人来说"毫无意义"。

施蒂纳鼓吹个人的绝对自由。在他看来，世界上的任何东西，凡是束缚个人自由的、同我的利益相抵触的，都要把它消灭掉。他宣扬自由要以权力为后盾，"权力是一种好东西，它在一切场合都是存在的"，"夺取权力，自由就会到来，谁有权力，谁就高于法律"，"有了权力，我能占有多少，就得有多少"。显而易见，施蒂纳的所谓自由是企图支配物质世界，掌握物质利益的自由，是损人利己的自由，是剥削阶级掠夺社会财富的自由。马克思、恩格斯说施蒂纳的思想"表达了那些想变成真正资产者的现代德国小资产者的期望"。

 **蒲鲁东——无政府主义的祖师爷**

葛德文和施蒂纳都阐述过不要国家、绝对自由的无政府主义主张，但他们并未公开打出无政府主义的旗帜，没有形成系统的无政府主义理论体系，也没有形成一种社会思潮。公开树起无政府主义旗帜，把无政府主义理论化、系统化并形成社会思潮，对工人运动产生影响的是蒲鲁东。

蒲鲁东是法国著名的小资产阶级社会主义者。1840年,他出版了《什么是财产》一书,提出了"财产就是盗窃"这个引人注目的论点,亮出了"无政府状态"的概念,树起了无政府主义旗帜。嗣后,他写了一系列著作。1848年发表了《社会问题的解决》,1849年又发表了《一个革命者的自白》,后来又写有《19世纪革命的总概论》、《贫困的哲学》等,系统地阐发了无政府主义理论,使无政府主义成为一种完整的理论体系。

蒲鲁东既反对资本主义,又反对共产主义,主张建立"无政府状态"的社会制度。他认为,资本主义私有制违反平等,共产主义公有制违反独立。独立、平等、自由的无政府状态的社会是超越于资本主义和共产主义的第三种模式的社会。这样一种没有主人、没有元首、自由、平等、尊重所有人意志的无政府状态的社会是具有最高度完善性的政治形式,是唯一切实可行的"共和国"。蒲鲁东极端仇视资产阶级官僚国家机器,并且看出资本主义政治制度的阶级局限性。但他走向了另一个极端,得出了反对任何国家、政权的结论。他认为,国家起源于私有制,并支持私有制的不公正的权力义务,国家的使命就在于经济上庇护特权阶级对劳动人民的剥削。有了国家就有了阶级,有了特权集团,有了统治和服从。国家、政党和权威不论属于哪个阶级都是绝对自由的锁链,都是危害自由和个性的。它们的存在就是以剥夺人们的自由、平等为基础的。政权是暴政工具的堡垒,政党则是它的生命和思想，权威更意味着集权和专制的存在。因此，必须"打倒政党，打倒政权"，实现"人和公民的充分自由"。

蒲鲁东反对无产阶级对资产阶级的一切阶级斗争，甚至反对工人组织工会，反对工人为要求提高工资而进行罢工。他认为任何联合都是对个人的强制。因此他说，罢工是违法的，经济斗争和政治斗争是不必要的，暴力革命则更是粗暴的。鼓吹工人和资本家两个阶级应当提高认识，携手合作，用"和平的和不流血"的手段改造资本主义社会。"用文火把私产烧掉总比对它施加新的力量实行大屠杀好些"。

蒲鲁东还认为以契约为中心的互助主义和联邦主义是实现无政府社会的根本途径。他认为产生资本主义剥削的根源不是资本主义制度而是作为借贷资本的货币。消灭剥削必须从消灭货币开始。蒲鲁东设想消灭借贷资本的办法就是建立人民银行，组织社会的成员间自愿而公平的直接交换，同时发放无息贷款，使劳动者摆脱货币的奴役。他认为以最大规模发展互助原则就可以彻底改变社会制度。而这种互助原则可以用契约来代替，它既适应于经济也适应于政治。若能按契约原则建立联邦制，契约王国一旦成立，企业的垄断和劳资对立就会消失，强制性的政权就会消灭，从而国家也就随之消亡，"让自由的契约代替专制的法律；让自愿的协商代替国家的仲裁；让公道和平等的正义代替铁面无情和至高无上的司法；让理性的伦理代替启示的伦理；让力量均衡代替权力均衡；让经济统一代替政治集权"。这样，劳动者就不再是国家的奴隶，国家和政府就不再是至高无上的权力。

蒲鲁东的无政府主义理论在19世纪60年代直至20世纪初的法国、意大利、比利时、瑞士、西班牙直至中国都有影响，形成了一股无政府主义社会思潮，这些国家的社会主义运动实际上都受到了无政府主义的影响，无政府主义信徒遍布各地，影响着很多国家的工人运动。

 巴枯宁及其无政府集产主义

19世纪60年代末至70年代末，出现了以巴枯宁为代表的无政府集产主义派。巴枯宁出身俄国贵族，当过军官。19世纪40年代留学欧洲，深受蒲鲁东的影响，称蒲鲁东为"伟大的真正的导师"。1848年欧洲革命时期，他领导过德累斯顿起义，从中得出只有"无政府状态"才能拯救革命的结论。60年代，他居住在意大利，长期生活在流氓无产者中间。这些人破产失业，身陷绝境，他们仇恨一切、破坏一切的情绪促使巴枯宁成为一个无政府主义者。1864年，巴枯宁在意大利亲自创立了无政府主义的密谋组织，并起草了《国际革命协会的原则和组织》、《国际革命协会的纲领》、《国际兄弟会的章程和纲领》，具体阐述了他的无政府主义思想。1868年，他以两面派手法将国际社会主义民主同盟混入第一国际，企图分裂第一国际。1873年，他出版了无政府主义代表作《国家制度和无

政府状态》，1882年由别人收集出版了《上帝和国家》。他的无政府主义是蒲鲁东主义、圣西门主义和巴贝夫密谋派观点的杂凑。

个人绝对自由和各阶级平等是巴枯宁无政府主义的中心思想。他认为，自由是人性最纯粹的表现，是全人类发展的最高目标。他说："我不能想象，在没有自由的情况下，还会有任何属于人类的东西。"他希望个人之间和阶级之间获得平等，而且把一切阶级在政治、经济、社会方面的平等作为他的奋斗目标。

巴枯宁认为，自由和权力或权威是两个绝然对立的概念。一切权力和权威都是自由的绝对对立物，什么地方存在权力和权威，什么地方就没有自由。因此，必须反对一切权力和权威。反对权力和权威，要求绝对自由，是他的无政府主义理论的基础和核心。由此出发，他认为现代社会的主要祸害不是资本家占有生产资料剥削雇佣工人的剩余劳动，而是国家本身。因为"国家就意味着统治"，是权力和权威的象征。无政府主义者对于国家，不管它是君主国、立宪国、资产阶级共和国甚或是革命的专政国家，都把它看成绝对坏的东西，看成是剥削和专制制度的必然的根源而加以反对。他敌视无产阶级专政国家，认为一切主张建立革命政权的革命者，比现存政权更加危险，公开声称他的信徒是这些革命者的天然敌人。

巴枯宁设想的未来社会是一种"无政府状态"的社会。在这样的社会里，每个人在政治上都享有最充分的自由和平等，不受任何限制。在经济上实行集产制即工厂归工人，土地归农民，建立工业组合、农业组合。这种组织是自由联合起来并分散经营的，不受任何形式上的自上而下的集中领导和统一计划的限制。这就是说：工人、农民都是各自独立的小生产者，根据个人的意愿，自由地组织成为工业合作社或农业合作社，各个合作社独立经营，根据市场自发的调节来组织生产。

巴枯宁主张把"废除继承权"作为社会革命的起点。继承权是财产私有制的产物，是私有制在法律上的表现，统治阶级利用法律规定的这种权利，来巩固和发展私有制。巴枯宁则相反，他认为由国家法律规定的继承权是生产资料私有制存在的主要条件，是一切社会不平等的根源。因此，他主张社会革命应从废除继承权开始，把财产交给社会。他认为这样就可以把私有制演变为集产制，从而即可以实现各阶级的平等。

巴枯宁还主张依靠破产的农民、小生产者和流氓无产者掀起的普遍的自发的暴动，在24小时内立即消灭国家，据说，这样就可以实现全欧洲的革命，建立无政府社会。

巴枯宁是19世纪无政府主义者的精神领袖。当巴枯宁被第一国际开除后，欧洲各国的无政府主义者聚集在他的旗帜下，在瑞士成立了无政府主义国际。他也同时被民粹派所崇拜，巴枯宁派曾成为民粹派中影响最大的派别，人们甚至以为民粹派是巴枯宁主义的变种。19世纪末20世纪初在欧美各国出现的无政府工团主义更是巴枯宁主义的翻版。如果说葛德文、施蒂纳、蒲鲁东是无政府主义的理论家（他们和社会主义运动没有直接联系），巴枯宁则更多的是实践家。他把一生的大部分精力和时间用在无政府主义运动的实际活动上。虽然他也写过一些理论论著，但他的理论研究与实际活动相比显得并不突出。巴枯宁把无政府主义理论由一种社会政治思潮变成了无政府主义的行动纲领。有学者认为"巴枯宁与其说是理论家，毋宁说是运动家"。这个评价是符合历史事实的。

 克鲁泡特金及其无政府共产主义

19世纪末20世纪初，俄国人克鲁泡特金集蒲鲁东、巴枯宁无政府主义之大成，修葺改制，创立了无政府共产主义学说。克鲁泡特金是继巴枯宁后最大的无政府主义理论家，也是无政府主义历史上最后一个具有国际意义和影响的领袖人物。他写了一系列使自己得以成名的著作，如《法国大革命》、《面包略取》、《一个革命者的回忆录》、《田园、工场手工场》和《互助论》。在这些著作中，他不仅提出了系统的无政府共产主义理论体系，从而在无政府主义历史上肇创了一个新的流派，而且还试图把这个理论体系置于"科学"的基础上。他在1910年谈到自己对无政府主义发展所作的贡献时写道："著者是共产的无政府党人之一。他曾经为下列的几种事务劳瘁了许多年：①说明自然科学与无政府主义的关系；②研究社会之中对

于无政府主义已有的倾向，罗列而说明之，为无政府主义立一个科学的根据；③替无政府主义的道德立一个规范。若论无政府主义本身，著者认为共产主义较集产主义易于实行；而无政府共产主义则又比别种共产主义容易实行……著者于发明此等思想之外，又尝用生物界无数的事实，证明互助为社会进化的一大因素，以和达尔文的竞争学说对抗。"

克鲁泡特金试图以生物科学和自然科学为基础来解释人类社会的变革和发展。"互助论"是他的无政府共产主义的理论基础。他不同意达尔文把生物之间的竞争绝对化，在他看来生物之间除了竞争的一面外，还有相互扶助的一面。互助性越强的生物，其生存能力就越强。人类也不例外。人具有很强的互助本能。他指责互争的坏处，赞扬互助的好处，强调"要使人类道德向前发展，互助乃是不可少的原动力，互争乃是毫无益处的"。互助的范围越大，人类最高的进化越有把握。

克鲁泡特金认为在人类历史上互助的自然本能与反互助的罪恶势力一直在相互斗争，人类历史就是代表这两种势力的组织之间不断进行斗争的历史。代表互助本能的组织就是人类为了共同利益自愿组织的自治团体及其联盟，它们在不同时期分别被称为自由城市、村社和公社等自治团体，而代表反互助本能的罪恶势力就是以统治和奴役为本质的国家、教会和统治阶级。国家和政府的存在是人类社会和生产发展的最大障碍，因此要消灭国家、消灭政府、恢复人类的无政府状态，铲除统治阶级人为地制造的法律及法定体系。

克鲁泡特金为人类设计的理想社会是无政府共产主义社会。在这个社会中，任何人都不受强制。按照克鲁泡特金的想法，互助既然是人类的本能，那么，即使没有权威，没有强制，没有政府，人类也能按本能来组织社会生活，每个人都从他应负的社会义务出发，本着互助精神，自发地去从事劳动，人类就能很好地生活下去。因此，没有权威、政府的社会，是最好的社会。他说："我们的共产主义，是无政府共产主义，没有统驭的共产主义，自由的共产主义。"这个社会消灭了财产私有制，实行财产公有制。生产由各团体各部落自由合作进行。克鲁泡特金反对集中领导和有计划地组织生产，他攻击马克思主义关于无产阶级专政条件下的财产公有制是国家资本主义，说这是掌握政权的资本家，戴上国家社会党的假面具，把全国财产集中在政府的名誉之下，支配全国的生产与消费。在分配方面，克鲁泡特金主张实行各尽所能、各取所需的原则。他反对马克思主义关于共产主义第一阶段即社会主义阶段只能实行"按劳分配"的理论，说按劳分配原则同资本主义制度下的分配制度是一样的。他说："据我所知，集产主义虽然主张把现在事物的组织大大地变革一下，然而却是并不废除雇佣制度，对于劳动者，只不过拿国家来代替个别雇主罢了。"他宣称：无政府共产主义就是要消灭任何形式的雇佣奴隶制度，实行按需分配。在无政府共产主义社会中还将实行教育与劳动结合的"整体教育"体制,每个学生既学科学原理,又学实际手艺。理论与技能结合起来就可以造就一种博学多能、全面发展的新人。

克鲁泡特金还用大量精力研究开展社会革命的方法。他认为,社会革命是一种以实现更大的平等和废除权威为目标的运动。革命要解决的基本问题是将社会财富分给所有成员。社会革命应是群众自己起来采取的直接行动。在推翻国家统治以后便立即进行财产的没收和重新分配工作,不需要任何"权威"人物或机构来组织和领导。他不赞成巴枯宁的少数人的密谋活动,更不赞成个人恐怖主义。他主张人民自己去占领工厂、土地和货栈,并在合理的平等制度的基础上平等地重新分给人民。

克鲁泡特金把理想制度的建设分为两个步骤,第一步是集体主义,第二步是共产主义。集体主义阶段是一个过渡阶段,它实行地方公社所有制或联合公社所有制,但国家要立即消灭。

克鲁泡特金在理论上反对一切战争。他认为战争是国家致富的手段,是民众的剥削者,是资本主义制度的暴行和贪婪合乎逻辑的扩展。"争夺市场或争夺剥削工业落后国家的权利"是现代世界发生战争的真正原因。因此,"每场战争都是祸害——不管结局是胜是负"。在实践中,他对战争又没有一概否定。他反对1899~1902年英国在南非进行的反对布尔人的战争,也谴责1904~1905年的日俄战争。按照他的话说是支持正义战争,反对非正义战争。"如果我们说不要人统治人,(我们)怎能容许征服民族统治被征服民族呢"。他认为工人无祖国这一传统的无政府主义概念和由此而必然产生的绝对反战的和平主义是不现实的,不能接受的。这一观点曾引起当时无政府主义者之间的争论和分裂。克鲁泡特金不懂得怎样去区分战争的性质,致使他最终不可避免地走上了沙文主义道路。例如,第一次世界大战本来是两大帝国主义集团为重新分割殖民地,争夺世界霸权、划分势力范围而进行的非正义战争,克鲁泡特金分不清这一点。在如何对待这场战争的问题上,他采取了"护国主义"立场,竭力支持法国和俄国,大肆鼓吹"与德国军国主义浴血奋战",直到"最后胜利"为止,走上了沙文主义的道路。

 无政府工团主义

与克鲁泡特金无政府共产主义同时出现在国际政治舞台的还有一种无政府主义思潮,这就是以法国为主要阵地的无政府工团主义。其主要代表人物是斐南德·贝罗蒂埃。贝罗蒂埃创立了无政府工团主义的一般原则。1906年12月,法国工团主义者代表大会通过了著名的"亚眠宪章",其中说:总工会"为取得彻底解放而进行准备,总罢工是行动的工具。大会认为今天作为对抗组织的工会,在将来要成为生产和分配的组织,成为社会重新改组的基础"。由此可见,工团主义的工会在组织上具有很多的自治性,在联合行动中

主要依靠群众的自发性和"少数具有'战斗力'的人"的有组织的活动。

无政府主义形成以后，在一些国家和地区产生过很大的影响，尤其是在法国、西班牙、比利时、俄国。他们与马克思主义争夺群众，分裂国际共产主义运动，篡夺国际共运的领导权，成为国际工人运动的主要敌人。马克思、恩格斯、列宁、斯大林等无产阶级革命导师，自无政府主义萌芽之日起，就对其进行过坚决的斗争，他们不仅从理论上剖析了无政府主义理论的反动本质，而且在国际共运的实践中对无政府主义展开了无情的斗争，先后清算了蒲鲁东主义、巴枯宁主义、克鲁泡特金主义和工团主义的影响。至19世纪末20世纪初，无政府主义在欧洲工运中便几乎失去了市场。

二 无政府主义在中国的最初传播

无政府主义，这种早已被西方先进无产阶级抛弃了的反动思潮，19世纪末20世纪初，却被中国的革命分子捡了回来，经过一番修葺改造，在中国逐渐兴起的"新思潮"园地中占据了一席之地。

19世纪末20世纪初，中国的现代工业还处在初步发展的过程中，革命的领导者是资产阶级，科学社会主义在中国传播尚缺乏必要条件。而当时西方资本主义制度已开始没落并面临着社会主义革命的形势，中国的一些有识之士在向西方学习的过程中，也隐隐看到了资本主义的某些弊病，希望能找到在资本主义条件下医治这些弊病的药方。无政府主义正是在这种情况下被中国先进分子所接纳的。

资产阶级改良派对无政府主义的介绍

无政府主义在中国从传播到立足，并形成有中国特点的无政府主义理论体系,形成一种有影响的政治思潮,经历了一个较长的时间。最早接触并介绍欧洲无政府主义的是一些办洋务的人士。1877年,中国江南制造局编译的《西国近世汇编》上报道了有关德国无政府主义者赫德尔和诺比林行刺德皇威廉一世之事;1881年,该刊又介绍了俄国"虚无党",说"俄之乱党名民释利,译言化有为无也"。1882年,《西国近世汇编续编》多次提到俄国著名无政府主义者克鲁泡特金,这是中国近代思想史上对克鲁泡特金的最早介绍。黎庶昌的《西洋杂志》、曾纪泽的《使德日记》也曾记载过有关德俄无政府主义者的暗杀活动。与此同时,有关无政府主义的名词术语在中国当时的出版物中也已出现,如《泰西各国采风记》中就以"鸭挪吉思"(Anarchistn)译无政府主义一词。《泰西新史揽要》也提到"鸭捺鸡撕得"(Anarchist)等等。这些是在介绍办洋务的过程中伴随引进"西学"的潮流而夹带进来的,在当时并未引起人们的注意,因而没有发生社会影响。

准确使用"无政府党"一词并最先介绍其理论主张给中国人的当推资产阶级改良派。1894年,改良派首领康有为,在其所写的《大同书》中介绍了"尼古喇被弑"、"俄亚历山大被刺"之事,并推崇俄国虚无党人,认为"推之各国女才",当以"苏菲亚"等"为其著也"。1897年11月1日,《译书公会报》第2册中,刊载了《弹压虚无党》一文,对欧洲无政府党的特征作了粗略的勾勒,文中说:"欧洲有虚无党者,以决破贵贱之区别,均分财产,更建新政府为揭橥,植党巩固,持志坚强,视死如归,而举止秘密,其动机几不可端倪也。"1901年,梁启超在《难乎为民上者》一文中正式使用"无政府党"一词,他说:"无政府党者,不问为专制国,为自由国,而惟以杀其首长为务,彼等之目的在破坏秩序。若夫专制秩序与自由秩序,皆非所词也。"1903年2月,改良派自立军运动的参加者赵必振翻译了16万字的《近世社会主义》一书,该书以专门章节系统介绍了无政府主义著名代表人物蒲鲁东、巴枯宁的无政府主义以及第一国际时期马克思主义与无政府主义的斗争概况。1904年3月,广东《时敏报》登载《论俄国立宪之风潮及无政府党》一文,鼓吹用无政府主义去反对专制主义。继此之后,改良派在自己所办的《新小说》、《新民丛报》和《东方杂志》等刊物上均不同程度地报道、介绍和讨论过欧洲无政府主义的活动情况及其理论。

资产阶级改良派在介绍无政府主义时,有时也偶尔表现出他们的无政府思想倾向。梁启超曾撰有《论俄罗斯虚无党》一文,对俄罗斯虚无党倍加赞扬:"虚无党之事业,无不使人骇,使人快,使人歆慕,使人崇拜",称颂无政府党的暗杀手段是反对专制政府"独一无二之手段",并力倡"破坏主义"。改良派人物宋恕的思想,则直接带有一些无政府主义的特征。他主张"以仁爱为基,以大同为极"。如闻无政府学说就"独好之,独演之",并把改良派的三世说同无政府主义联系起来，分政见为三等：据乱世为专制改进，升平世为立宪共和，太平世为无政府大同，主张"废官制，去阶级"。他还设想约同志带农、工乘槎浮海觅"无主荒岛"，"谋生聚教训，造新世界"。

资产阶级改良派在介绍无政府主义时具有这样一些特征：第一，它不是破产农民绝望心理的反映，并不主张在24小时内废除国家，在中国实现无政府社会。它所代表的主要是上层资产阶级的利益和愿望。第二，他们介绍和宣传的无政府主义并不完整，而是其中的某个侧面。确切地说是无政府主义的破坏手段。第三，他们介绍和宣传无政府主义的目的，主要不是对这个学说有什么特殊的兴趣，不是主张在中国发动无政府主义的运动，更不是要在中国建立无政府社会，而是以无政府党的恐怖暗杀手段来恐吓当时的封建专制统治中的顽固派，迫使其就范于他们的君主立宪主张。例如：《东欧女豪杰》（载《新小说》）的作者说：虚无党"头里只想做个立宪国的国民，还没有什么悍意，到后来见那政府的举动越弄越糊涂，格致家说得好，压力愈重，反动愈大，这是物理的公例，弄到俄国民党后来直要把人群上道德上宗教上生计上一切事物制度都要破坏了不留一点"。梁启超在介绍了西欧和俄国无政府主义者的活动以后，也明确表示他所钦佩的仅是无政府破坏手段，"若其主义，则吾所不敢赞同也"。改良派之所以渲染暗杀手段，目的是恐吓专制政府，使其让步立宪。

 资产阶级革命派对无政府主义的介绍

在资产阶级改良派热衷于无政府主义的介绍的同时,资产阶级革命派也对无政府主义产生了极大的兴趣。尤其是1903年"苏报案"以后,在资产阶级革命派所办的报刊中,介绍、宣传和评论无政府主义的文章骤然增多,形成了中国第一个宣传无政府主义的浪头。

1902年,马君武翻译出版了英人克喀伯著的《俄罗斯大风潮》,这本书比较系统地介绍了巴枯宁、克鲁泡特金的思想和俄国虚无党简史,并称赞无政府主义有翻天覆地之精神,具挟山超海之气力,弄神出鬼没之手段,扫除世间一切君王教主层层网罗,万人一魂,欲造出其理想中之新世界。这部书的出版,引起了人们的极大注意,少数人甚至把蒲鲁东、巴枯宁当作心目中的英雄来崇拜。1903年,《民国日日报》刊登了高天梅的《读〈俄罗斯大风潮〉》,诗云:"奴颜婢膝可怜虫,哭倒英雄蒲鲁东,我爱自由如爱命,铸金愿事此先锋。"同年,金一(天翮)翻译出版了日人幸德秋水的《广长舌》,该书中的"无政府主义制造厂"一节,对资产阶级革命派有很大的影响,为中国资产阶级革命分子广泛引用,《江苏》第5期上的《革命制造厂》等文即由此引申而来;而且该书日文本中"欧洲大陆无政府党甚多"一语被改译为"今者欧洲大陆

之人民，无政府党殆居十之六七"。马叙伦在《二十世纪之新主义》中转引时，又将"欧洲大陆"改为"全球大陆"。这种一再夸大事实的做法，表明了资产阶级革命分子对于无政府主义的热情以及对革命的渴望。

1903年发生了震惊中外的"苏报案"，清朝政府的高压手段并没有扑灭人们心头反抗的烈焰。"苏报案"后，介绍和宣传无政府主义的作品大大增加，人们利用各种形式对无政府主义进行研究，认定无政府主义的反政府、反强权和激烈的破坏手段是对专制统治的最有效的武器。资产阶级革命分子在自己的报刊上刊载过大量的介绍无政府主义的新闻、评论、图片和文学作品。《大陆杂志》、《童子世界》、《浙江潮》、《江苏》、《民报》、《复报》、《汉声》、《洞庭波》、《河南》、《四川》、《汉帜》、《苏报》、《俄事警闻》、《政艺通报》、《警钟日报》、《中国白话报》、《二十世纪大舞台》、《神州女报》、《民立报》、《广东日报》、《有所谓报》等刊物都曾经刊载过这方面的文字，进行过这方面的宣传。有些人还译印了《无政府主义》、《总同盟罢工》、《虚无党女英雄》等小册子，向人们推崇无政府主义。此外，用小说体裁宣传无政府主义的作品，在这时也已出现。如蔡元培的白话小说《新年梦》（见《俄事警闻》）。蔡元培通过"中国一民"的梦境，宣传一个废政府、废私产、废军备、废君臣、废姓氏、废家庭、废婚姻、废法律、财产公有、公平分配、语言文字统一、最后废除国家的理想社会。

资产阶级革命派宣传和介绍无政府主义的基本内

容，大致可以归纳为以下几个方面：

第一，介绍和宣传各国无政府主义思想家的活动和他们的政治主张。《浙江潮》第8期的《新社会之理论》，《民报》第7、8期的《无政府党与革命党之说明》和《巴枯宁传》等文章，都曾对施蒂纳、蒲鲁东、巴枯宁、克鲁泡特金等无政府主义代表人物的经历和他们的思想作过专门的介绍。《民报》还刊登了克鲁泡特金的"西伯利亚纪行"、"无政府主义之哲学"、"面包掠夺"等著作的译文。施蒂纳的极端利己的、反对任何国家任何政府，反对任何组织纪律，要求个人绝对自由的无政府个人主义；蒲鲁东的主张用非暴力手段建立无政权社会和无政府制度的思想；巴枯宁的"个人绝对自由"，反对国家、反对任何权威、反对无产阶级革命和无产阶级专政的思想；克鲁泡特金的主张用互助的办法组织社会生活，反对一切类型的国家政权的思想，都是通过这些作品才第一次为中国的读者所知道的。这些报刊所发表的许多反对强权，反对军备，反对法律，反对赋税，反对财产，反对阶级，反对国家，要求达到无君无臣无法无天的境界的宣传无政府主义的论说，也是根据欧洲的那些无政府主义大师的观点炮制的。

其次是对俄国虚无党人活动情况的宣传。《浙江潮》第4期《俄人要求立宪之铁血主义》，第7期《俄国革命党女杰勃罗克传》；《江苏》第4期的《露西亚虚无党》，《民报》第11、17期的《虚无党小史》等文，均对1879年民意党成立以来俄国虚无党人的活动情况及其政治纲领作过详细的介绍。《汉帜》的《俄国虚无党之诸机关》，《河南》的《露国革命党》，《民国日日报》的《俄皇亚历山大第二之死状》，《警钟日报》第28～65号连续刊载的《俄国虚无党源流考》，《苏报》的《虚无党》，《洞庭波》的《伟哉俄国革命党，危哉俄国首相》等时论评说文章，则是对虚无党人的赞颂，把"挟其坚忍固毅百折不屈之精神，全体一致同一无二之目的，以与独夫民贼为敌，一而再、再而三，卒能使凶鸷苛暴之君主，不得不退步相让的俄国虚无党人，当作自己学习的榜样来看待的"。

第三，关于暗杀活动的宣传。《二十世纪大舞台》、《天义报》、《新世纪》曾大量登载过此类文章。《浙江潮》的《刺客论》，《新大陆》的《俄罗斯虚无党三杰传》，《童子世界》的《俄罗斯革命党》，《汉帜》的《驱满酋必先杀汉奸论》，《河南》的《暗杀之效力》，《中国新女界》的《妇女实行革命应以暗杀为手段》，《民报》的《暗杀时代》，《天讨》的《帝王暗杀之时代》、《崇侠篇》，《中国白话报》的《论刺客教育》，《广东日报》的《炸药之二十世纪》、《暗杀主义说》等，也都是渲染暗杀主义的。他们向读者介绍了19世纪下半叶以来欧洲无政府主义者和俄国虚无党人进行暗杀的历史，特别是1881年以来俄国虚无党人多次刺杀沙皇和政府首相终于得手的历史；赞美他们的那种"左手把民贼之袂，右手揕其胸，伏尸数十，流血五步"的个人恐怖行动，和他们的那种不畏强御，不怕牺牲，"风雨为泣，鬼神为号"的献身精神；宣传暗杀的"最快捷"、"成功最容易"和"名誉光荣";鼓吹"今日之时代,非革命之时代,实暗杀之时代";教育革命党人把暗杀当作扩大影响、动员群众的手段,"凡一国之民当晦盲否塞,沉酣不醒之时,不挟猛烈之势行破坏之手段,以演出一段掀天撼地之活剧,则国民难得而苏";鼓动革命党人以俄国的虚无党人为榜样,"飞鸣出匣,轰然落地,直取国中专制魔王之首于百步之外",以夺取革命的胜利。在一个文盲占多数、文字宣传不易在下层人民中奏效的国度里,这种"以行动作宣传",对反动帝王官吏以血相见,直接动摇其在群众中的正统地位的做法,曾经使一些人受到鼓舞,暗杀成为一时的风尚和"顶时髦的事体"。资产阶级革命家胡汉民、章太炎、秋瑾、宋教仁、陈天华、廖仲恺都曾在不同程度上主张暗杀或赞成暗杀;同盟会主要军事负责人黄兴曾打算亲自从事暗杀活动;孙中山也在他的活动计划中把暗杀作为一种必要的革命手段。有些人还把暗杀主张直接付诸于实践。万福华行刺王之春、吴樾炸清廷派往欧洲考察宪政的五大臣等,在社会上产生过巨大的反响。军国民教育会和同盟会还成立有专门执行暗杀任务的机构。

与改良派一样,资产阶级革命分子介绍和宣传的也不是无政府主义思想体系,而只是它的某一观点,某个侧面,他们宣传无政府主义的目的,也不是要建立什么无政府社会。但是他们与改良派不同,他们宣传恐怖暗杀手段不是要恐吓清政府,而是要真正实行的革命手段,是用暗杀手段服务于民主革命。

综上所述，无政府主义在中国可谓流芳一时，但是，也应当看到在1907年以前，虽然有不少报刊介绍和宣传无政府主义并形成了一个不大不小的浪头，然而却并未形成一个独立的无政府主义派，宣传无政府主义主张的都是资产阶级改良分子和革命分子。他们是在对救国真理的追求和探索过程中，在实现救国救民理想的道路上，接触了欧洲无政府主义，被它的蔑视一切权威，摆脱一切束缚的思想和激烈的言词所感动，于是便立即介绍给中国人。他们介绍无政府主义，并不是为了实现无政府世界，而是为了摄取力量和利用其中的一些思想资料，进行革命的鼓动。换言之，他们是把无政府主义作为反对清政府的有力手段来加以推崇的。当然，也有这样的情况，如蔡元培曾描绘过一个无政府主义的理想社会。但是，他并没有沉溺在这种空想之中，而是认为要实现废国家，首先必须实行国家主义，"先要把没有成国的人都好好儿造出一个国来"。他希望把中国建设成为一个独立、富强、先进的国家，并用武力收回租界和列强的势力范围，表现了强烈的爱国主义情绪。可以说，他是以民主革命为主体，而以无政府主义为从属的。

正式打出无政府主义旗帜的是刘师培、吴稚晖、刘师复等人。1907年6月，中国留日学生刘师培、张继、何震等人，模仿日本无政府党，在东京发起"社会主义讲习会"，明确规定其宗旨"不仅以实现社会主义为止，乃以无政府为目的者也"。与此同时，何震主编了《天义报》、《衡报》，鼓吹"今日欲为人民谋幸福，舍实行无政府制度外，别无改造世界之方，中国亦然"。在巴黎，由吴稚晖、张静江、李石曾、褚民谊等发起组织了"新世纪社"，并出版机关刊物《新世纪》，专门介绍巴枯宁、克鲁泡特金、蒲鲁东的学说，报道社会党和无政府党的活动情况，鼓吹颠覆一切强权的"社会革命"。至此，无政府主义以中国国外留学生为骨干，在中国人中形成一个独立的派别，开始迈步走上中国的政治舞台。

 无政府主义在中国找到立足点的缘由

如前所述，无政府主义是对专制制度的一种反抗，它既是小资产阶级和流氓无产者的政治幻想，又是资产阶级个人主义的极端表现，以否定一切国家和一切权威而著称。这种思想最初存在于工人运动之中，表现出一种非常激进的面貌。因反对马克思的无产阶级革命和无产阶级专政学说，曾受到过马克思主义创始人的严厉批判。但是，作为人类政治思想史上一朵不结果实的花，它却能迎合处于愚昧落后状态的被压迫人民的政治心理，因而，哪里存在人压迫人的专制制度，存在资产阶级与小资产阶级个人主义的土壤，哪里就有可能出现无政府主义思潮；这些因素愈甚，无政府主义思潮便越加泛浮。事实证明，这是无政府主义传播史上的一种有规律性的现象。

19世纪下半叶，世界革命的中心东移。反映这一

革命潮流，促进旧世界土崩瓦解的各种政治思潮的前锋，在本世纪初实际上已经云集于中国。不同性质的西方思想文化，早已开始同中国古老的传统思想文化交锋碰撞。而当时的中国集封建专制主义思想文化之大成；集帝国主义与无产阶级革命时代各种矛盾之大成；再加上农民小生产犹如汪洋大海之势，因而也具备了产生无政府主义思潮的天然土壤。中国社会一切民主与进步的力量，在同反动势力的斗争中，无不在寻找自己的精神武器和聚集自己的物质力量。"九州生气恃风雷"，一旦清王朝闭关锁国之势殆尽，思想言论之笼销蚀，则开禁变法之时即会到来，"万马齐喑"立即就会变成"万马齐鸣"。这时，思想百花园中便会良莠竞生，各种"主义"都会打着"变革"的旗帜，为自己的存在与发展争取一席之地。1898年，声势浩大的变法维新失败后，封建主义与帝国主义的黑暗统治在神州大地再度肆虐，无政府主义这个已被欧洲无产阶级唾弃的政治思潮，便自然而然地闯进了东方专制主义中国的大门，并受到正在进行反专制斗争的各种进步势力的青睐。由于具有如前所述的各种政治、经济、文化基础，无政府主义在中国立足也便是十分自然的事情了。

问题的关键在于，为什么无政府主义首先立足于进步的资产阶级知识分子之中？

孙中山曾说："无政府主义乃发生于最黑暗之专制国"，清王朝本来专制主义极盛，它的末期统治者由于预感到灭亡的临近而更加推行其独裁措施。戊戌变法失败以后，清政府对维新党人横加迫害，"维新之志士，忽大挫跌，举国失望，群情鼎沸"，年轻的仁人志士满腔悲愤。庚子事变，八国联军入侵，国家所受之侮前所未有。而勤政救国的计划又惨遭失败。维新志士再次遭到屠戮。《辛丑条约》以后，国权日丧，一切爱国志士皆痛心疾首。1903年春天发生的为争领土、保主权的爱国运动——"拒俄运动"也惨遭镇压，同年发生的震惊中外的"苏报案"则更进一步暴露了清政府镇压民众、禁止言论自由的面目，给了人们更深刻的教育。中国人民正经历着一次新的觉醒，革命反满的情绪弥漫全国。资产阶级知识分子们处于此种激流中互相感应、互相激荡的思想的一部分触角吸附到了无政府主义，他们把它当作"二十世纪之新主义"迎接进来，馨香祝愿其在中国扎根。"我闻专制政治者，所以鼓铸破败专制政体之无政府党之大制造厂也。制造厂之器用愈备，则其所鼓铸而出之物质愈多；专制政治愈甚者，则所制造之无政府党愈众。……夫今日中国志士疾首蹙额登台发言，为诸父伯叔昆弟大声而激呼曰：'覆专制政府！於乎，菩提哉其人！佛揭哉其言！'"他们希图运用无政府主义的激烈手段来对付残暴而又腐败的专制政府，这从其思想发展的逻辑来看是不足为怪的。此为原因之一。

资产阶级知识分子介绍无政府主义的另一个原因，是学习俄国革命。19世纪末期以来，学习欧美发达国家，介绍其早期的民主主义思想，是中国人向外寻求真理的主要途径。到了20世纪初，一部分人开始感到中国与欧美发达国家的社会情况相距太远,它们面临的问题极不相同,而俄国则多少与中国的国情相近,它的革命发生较中国早,理应有值得借鉴的地方。梁启超在1901年写的《俄国人的自由思想》一文中说:"中国与俄国相类之处颇多,其国土之广漠也相类,故今日为中国谋,莫善于鉴俄。"《露西亚虚无党》一文的作者也说:"19世纪以来,世界之大国或为立宪,或为共和,其国民尽达其自由之目的而去矣。其拥广大之土地,繁殖之人民而专制依旧者,惟吾国与露西亚。"资产阶级知识分子们居然把目光转向了俄国,以破坏为主要手段的俄国无政府主义,自然也在其学习之列,亦成为他们谈论的热门话题之一。无政府主义就是这样被资产阶级革命分子捡起并迎进国门的。

三 中国留日学生中的无政府主义派

1907年6月,日本东京的中国留学生组织成立了"社会主义讲习会",这是中国第一个以无政府主义为旗帜的社会团体。由于它以无政府主义为宗旨,以《天义报》为舆论阵地,被人们称为"天义派无政府主义"。

"社会主义讲习会"的成立,一方面是日本社会主义运动对中国留日学生的影响,另一方面则是中国资产阶级革命阵营内部分裂的结果。1907年,同盟会内部发生反对孙中山的风潮,刘师培、张继等一些深受无政府主义思想影响的同盟会员,企图趁机改组同盟会,把同盟会纳入无政府主义的轨道。在这一企图遭到黄兴等的反对而失败后,他们便离开同盟会,发起组织"社会主义讲习会",在中国公开树起了无政府主义的旗帜。

"社会主义讲习会"成立以后,进行了一系列活动。他们组织讲演会,创办《天义报》和《衡报》,对欧洲无政府主义理论进行介绍,并把克鲁泡特金的无政府共产主义、托尔斯泰的消极无政府主义、罗列的总同盟罢工理论与中国传统的大同思想,许行的农家思想,佛教禅宗的"贵空之论"以及中国农民战争中的均平思想相糅合,形成了中国式的无政府主义理论体系,对当时反帝反封建的民族民主革命起过一定的积极作用。他们的无政府主义主张为后来无政府主义在中国的发展奠定了理论基础。

 日本无政府主义运动对中国留学生的影响

20世纪初年,正是中国有识之士寻求救国救民真理的时期。一部分人东渡日本,想从那里找到医治中国的良方。日本社会产生的一切,都自然会对他们产生强烈的影响。

自明治维新以后,日本资本主义工商业迅速发展,工人运动也随之兴起,欧洲社会主义之风渐渐吹入日本。19世纪末20世纪初,各种提倡社会主义的组织纷纷出现,社会主义思想的影响迅速波及全日本。日俄战争期间,片山潜甚至公开代表日本社会主义出席了第二国际第六次代表大会,与俄国社会主义民主党普列哈诺夫握手,共同声明反对战争,引起世界瞩目。到1906年,日本社会主义者已达2.5万人,日本社会党成立时,成员一下子就达到2000多人。而这时社会上有社会主义倾向的刊物和同社会主义有关的著评文章,更是数不胜数。纵观这些书刊,其思想内容相当

驳杂，既有空想社会主义、无政府主义，也有国家社会主义以及基尔特社会主义等等。

日本社会主义运动的高涨时期，也正是中国人东渡日本，向日本寻求真理的高峰时期。据统计，此时期，中国在日本的留学生高达五六千人。留学生一到日本，急于寻求的就是新知识。冯自由曾在《民生主义与中国政治革命之前途》一文中说："近年来社会主义之狂涛，骎骎然以万马奔腾之势横流于亚东大陆，而日人幸德秋水片山潜之辈乃奋然提倡，……其影响之大，及于中国。"在这段时间里，留日学生中许多人都开始对日本思想家介绍的俄国虚无主义者和无政府主义者的主张表示好感，杨笃生的《新湖南》就热情地介绍了"俄国之无政府党"。《江苏》辕孙的《露西亚虚无党》等更为俄国革命者的激烈行为表示钦佩，认为"激烈之社会主义与无政府主义深入彼等之脑髓而不可拔。于是，革命之思想日益发达，革命之志益坚"。

1905年以后，在中国留亡者和留日学生所办的报刊上，介绍和谈论无政府主义的文章就更加集中和鲜明。《民报》在创刊一年多里，发表有关无政府主义问题的文章就有近10篇。其中，《万国社会党大会史略》、《德意志社会革命家列传》、《社会主义史大纲》、《无政府主义与社会主义》、《无政府党与革命党之说明》，《社会革命与政治革命并行》、《欧洲之无政府主义》、《虚无党小史》等，大部分都直接或间接译自日文。与此同时，《天义报》、《衡报》等刊登的有关无政府主义的文章有的也是直接从日本书报上得来的。

不仅如此，日本无政府主义对西方资本主义世界的严重弊端的揭露和批判，也启发了中国留日学生，使他们对以往资产阶级的政治主张在一定程度上产生了怀疑。因此，一部分人自觉不自觉地接受了无政府主义的熏陶，程度不同地倾向无政府主义。江亢虎最早对无政府主义有兴趣是在日本，廖仲恺声称自己即"直接受教"于《近世社会主义》的作者烟山专太郎；章太炎则对幸德秋水、北一辉等人的无政府主义倾向深感兴趣。他不仅在其《演说录》中谈论无政府主义，并且写有《五无论》、《国家论》等文章，系统阐述了他的无政府主义观点。他甚至接受了幸德秋水的倡议，组织了"亚洲和亲会"，在《约章》中鼓吹"国粹"的社会主义。与日本社会主义交往甚密的还有刘师培、张继、景梅九等人。张继"尤佩服秋水"，他就是在幸德秋水的直接影响下，倾向无政府主义的。而景梅九等人更是经常出入于日本社会党人的集会等，成为中国知识分子中最早接触到剩余价值学说的人。他们一度公开参与了幸德秋水和田添铁二为代表的"直接行动派"与"议会政策派"的斗争，对前者表示了无条件的支持。1907年8月1~10日，日本社会主义者连日举行"社会主义讲习会"，两派社会主义者做调和的最后努力，结果两派主张尖锐对立。8月31日，刘师培等于同地成立了中国留日学生的无政府主义组织"社会主义讲习会"，公开邀请幸德秋水、北一辉等人出席并演说，倡言无政府主义，支持直接行动派。他们还积极参加大杉荣创办的"世界语夏期讲习会",与山川均等共译克鲁泡特金的文章,并频繁邀集中日同志聚会演说等。

由此可见,日本的无政府主义运动对中国无政府主义的产生具有直接的影响。

 天义派的组织机构——"社会主义讲习会"

1907年6月,部分中国留日学生在日本东京创办《天义报》,并拟定成立"社会主义讲习会",在中国人中进行社会主义(实则为无政府主义)的宣传。是年8月,他们发布"社会主义讲习会"广告,宣称:"近世以来,社会主义盛行于西欧,蔓延于日本,而中国学者鲜闻其说。虽有志之士,间倡民族主义,然仅辨民族之异同,不复计民生之休戚,即使光复之说果见实行,亦恐以暴易暴,不知是非。同人有鉴于此,慨社会主义之不昌,拟搜集东西前哲诸学术,参互考验,发挥光大,以飨我国民。又虑此学不能普及也,拟设社会主讲学会,以讨论此旨耳。"8月31日,"社会主义讲习会"在日本东京牛道巴清风亭正式宣告成立。参加者有中国和日本学者90多人,幸德秋水、北一辉等出席了会议。刘师培在会上不仅明确宣布了"社会主义讲习会"的宗旨,而且表示"吾辈之意,惟欲以满洲政府颠覆后,即行无政府,决不欲于排满以后另立新政府。""社会主义讲习会"的经常成员是刘师培、张继、章太炎、何震、汪公权、景梅九、乔义生等，其机关刊物是《天义报》和《衡报》。"社会主义讲习会"成立后，约召开过15次会议，出刊《天义报》19期，《衡报》11期。"社会主义讲习会"原订每周集会一次，后改为每周活动两次。经常在会上演讲的，中国方面有刘师培、张继、章太炎、景梅九、何震等人，日本方面有幸德秋水、山川均、大杉荣等人。讲演者的演说词，后来多在《天义报》上发表。

"社会主义讲习会"的活动内容，主要是从事对国际社会主义运动尤其是无政府主义运动及其理论的介绍，设计中国未来的无政府社会的理想模式以及制定在中国推行无政府主义的政策和策略。

第一，介绍著名无政府主义家的理论学说。

"社会主义讲习会"介绍了施蒂纳的无政府个人主义理论，蒲鲁东的无政府主义学说，巴枯宁的无政府主义学说，克鲁泡特金的无政府共产主义学说，以及托尔斯泰的消极的无政府主义等。

第二，《天义报》对此时期国际无政府主义的重要活动作过报道。

第三，"社会主义讲习会"对第二国际的活动也十分重视，《天义报》曾报道过第二国际的活动情况。1907年8月，第二国际在德国斯图加特举行第七次代表大会。《天义报》在第二卷"近世报告"栏中发表《万国社会党政纲》、《万国社会党大会议案》，并说"其议案中最注意者则为殖民问题及劳动问题"，又说"既为万国社会党大会，则中国人民亦宜加入，本社深望旅欧华人乘机入会,否则吾国之大羞也"。随后又在第6卷上发表了《万国社会党大会记》,在第8～10卷合册上发表了《万国社会党大会再记》,较为详细地介绍了大会的情况和进程,其中还记述了倍倍尔的观点和活动。

"社会主义讲习会"对马克思的学说也作过介绍,他们译载过马克思和恩格斯的著作,并有所评论。《天义报》第6卷载有《欧洲社会主义与无政府主义异同考》一文,把马克思作为科学社会主义的主要代表。作者说:"有以科学为根据者,则始于犹太人,一为马尔克斯,一为拉萨尔。"该报的第8～10卷合册的"新刊报告"栏内,将《共产党宣言》列入。《天义报》第15卷学理栏内,刊载了民鸣译的恩格斯的《共产党宣言》英文版序言,刘师培还加了按语。《天义报》第16～19卷合册中,刊登有《共产党宣言》第一章《资产者与无产者》,刘师培亦作序于前。同时刊登的还有志达译的《家庭私有制及国家的起源》一书的"论财婚"一节。在这里,对马克思主义的阶级斗争论,译者及其加按语者均表示赞同,并要求人们加以理解。他们还试图用这种学说来说明排满革命,如"排满主义,不必以种族革命目标,谓之阶级斗争之革命可也"。当然,他们并没有也不可能真正懂得马克思的阶级斗争学说。

综上所述,"社会主义讲习会"对国际社会主义的各个流派的理论均有介绍,似乎近于驳杂。但是,他们的基本倾向则是无政府主义。"社会主义讲习会"实质上是一个无政府主义团体,这一点该会的宗旨已明确表明。"社会主义讲习会"的主要主持者刘师培。在第一次会议上即特别强调无政府主义是历史发展的必然。何震则声称:"吾于一切学术均甚怀疑,惟迷信无政府主义。""社会主义讲习会"的理论基础主要是克鲁泡特金的无政府共产主义,该会的成员基本上是克鲁泡特金理论的崇拜者,他们认为克鲁泡特金的"互助论"和"无中心说"是一切学术产生的源泉,"克鲁泡特金之学说,于共产无政府主义最为圆满,悉以科学为依据"。"社会主义讲习会"没有严格的入会手续,只要求参加者将姓名住址寄交该会,就算是会员,开会时即行通知。"社会主义讲习会"介绍日、美两国社会党的分裂情况时也明确地表示过自己的态度。他们表示"于二者而择其一,无宁取'理想的'、'革命的'、'激进的'之为愈,彼微温的社会主义,不少糖水的社会主义,国家的社会主义,是以洙相沤者,直专制之化身耳!"

1908年1月,张继因参加日本的星期五讲习会第二十次会议,为日警追捕,逃往巴黎,"讲习会"失去了一个骨干分子。章太炎虽参加了"社会主义讲习会",受着无政府主义思潮的严重影响,并发表了不少无政府主义言论,但他始终不是一个无政府主义者。1908年4月,章太炎与刘师培夫妻发生争吵,搬出讲习会。这样,"讲习会"又失去了一个重要骨干。同月,刘师培为避免日本政府的注意,将"社会主义讲习会"改名为"齐民社",将《天义报》改名为《衡报》,出至 11 号时为日本政府禁止。11 月,刘师培、何震归国。从此,这个从 1907 年 6 月开始活动了约一年半时间的无政府主义天义派就在中国历史上销声匿迹了。

 ## 天义派的无政府主义政治思想

天义派在其主办的两个重要刊物《天义报》和《衡报》上发表过一系列文章,阐发他们的无政府主义主张。他们的无政府主义政治思想,可归纳为如下四个方面:

第一,"实现人类平等"的捷径——"立即消灭国家"。

天义派声称,他们的无政府主义"与个人无政府主义不同,于共产、社会二主义均有所系",其要点为反对"权力集于中心",主张"无中心、无畛域",并"以平等为归"。他们认为人类社会起初本是平等的,后来由于人们互相竞争,"种以种战","族以族战",出现了阶级和国家,便产生了贫贱富贵不平等的现象。因此,恢复平等的当务之急,不是废除当时中国社会的封建制度,而是抽象地废除国家。他们指责国家是万恶之源,"不啻授以杀人之具,与以贪财之机",强调"君主既非天神……则君主不可居民上。非惟君主不可居民上也,凡一切王族、贵族、官吏、资本家,其依附君主而起者,均当削夺其特权,而使人类复归于平等"。他们号召一切在下之人,通通起来抗上,

"为农者抗其田主,为工者抗其厂主,为民者抗其官吏,为军者抗其统帅","泯争端而破阶级",废兵、废财、颠覆政府、破除国界、土地财产均为公有,建立一个没有私产、人人自由、人人平等的无政府主义社会。在当时的历史条件下,这种反对国家、主张抗上的矛头自然是指向腐败的清政府、指向封建地主及其他一切剥削者的,具有积极的意义。但是,他们又混淆革命暴力与反革命暴力、劳动人民的政府与剥削者的政府的界线,把国家描绘为绝对的"祸害",要求在推翻旧政府以后,"即行无政府",而"决不望于革命以后另立新政府"。在他们看来,如果不在推翻清政府后立即实行无政府,那么,新建立的资产阶级共和国的统治,必将比清政府巩固,"当此之时,法令愈密,兵备愈强,交通机关愈备,政府之势力足以制人民死命而有余……岂非异日之革命较今日之革命,其难易有天渊之判乎!"于是,他们从原来的立场一退再退,直到把头脑中仅有的一点资产阶级民主主义思想完全洗刷为止。其结果是在政治思想上,撤除了与封建主义相区别的藩篱,以致认为在封建专制下是"名为专制,实与无政府无异"。一朵无政府主义"香花",也就还原为"君政复古"的毒草,走上了和反动统治者合流的通道。原来,他们所鼓吹的"平等",是在专制统治下大家都充当奴隶的平等。

第二,一幅农业社会主义的图案——"人类均力说"。

天义派通过各种窗口,目睹了资本主义制度的种种弊端。回眸中国，虽然资本主义不发达，但农民、手工业者的破产也够触目惊心的了。沿海口岸的社会问题不少，《天义报》刊登的"中国各省罢市案汇志"、"哀我农人"、《贫民唱歌集》里的"女工怨"、"农民哀乐章"，还有"男盗女娼之上海"等，就是这方面的材料。天义派看到农民破产流入城市，生活依旧痛苦不堪，而农村的谷米生产量下降，米价上涨，深为忧虑。他们以这些破产的小资产者的代言人自居，义愤填膺地大声斥责资本主义的罪恶，抨击资本主义制度。他们搜集了一大堆资本主义的弊端，什么"选举罪恶史"，"伦敦贫民窟"之类，竭力反对在中国走资本主义道路。然而，他们却又找不到更好的解决社会问题的方案。他们把号称社会主义的欧洲各派无政府主义介绍给中国的思想界，并糅合中国固有的思想资料，拼合组装，形成自己的思想体系。即以"完全平等"作为最高准则，以绝对平均作为最终目的的"人类均力"的农业社会主义空想，他们把这种农业社会主义作为救世良方。

天义派无政府主义者认为，人类有三大权利，一曰平等权，即"权利、义务无复差别之谓也"；二曰独立权，即"不役他人，不倚他人之谓也"；三曰自由权，即"自由者，不受制于人，不受役于人之谓也"。这三大权利都属于天赋人权，其中尤以平等权最为重要。他们说："无政府主义虽为吾等所确认，然与个人无政府主义不同，于共产、社会二主义均有所采。惟彼等所言无政府，在于恢复人类完全之自由；而吾之言无政府,则兼重实行人类完全之平等。"这段话道出了他们的理论特色。下面的一段话就更清楚了。他们说:"独立、自由二权,以个人为本位,而平等之权必合人类全体而后见。故为人类全体谋幸福,当以平等之权为尤重。独立权者,所以维持平等权者也。惟过用其自由之权,则与他人之自由发生冲突,与人类平等之旨或相背驰,故亦维持人类平等权,宁可限制个人自由权。"历史上的无政府主义者都以个人的"完全自由"或"绝对自由"为最高准则,而天义派无政府主义者却独张异帜,表示为了"人类平等",可以限制"个人自由",从而形成了一种变态的无政府主义。

天义派认为,在无政府的情况下,如果实行"共产","使人人不以财物自私,则相侵相害之事物将绝迹于世界"。这里所说的"共产",不仅指土地、工厂等生产资料,而且也指一切财富。《废兵废财论》说:"于民生日用之物,合众人之力以为之,即为众人所公有用。"《人类均力说》称:"凡所制之器,置于公共市场,为人民所共有。"他的设想,由于社会产品无限丰富,可以听任人们各取所需不需要任何分配者和分配制度:"凡吃的、穿的、用的,都摆在一个地方,无论男人、女人,只要做一点工,要哪样就有哪样,要多少就有多少,同海里挑水一样。"

由于实行"共产",因此,根本不需要贸易、交换,因而也就不需要货币。"使人人不以财产自私,则贸易之法废,贸易之法废,则财币为易中之品者,亦失其行使之权。虽然财富丰盈,于己身曾无丝毫之利,则人人将以刍狗视之矣！"

"共产"、"无政府"这两个词，无论是在当时的中国或世界，都可谓为非常革命，无比激烈的词句了。天义派对这两个字眼却不以为然，他们认为只实行共产和无政府，并不能清除人类社会的矛盾。因为"同是作工，而难易不同，苦乐不均，争端必起"。消灭人类社会矛盾的妙法，在于"人类均力"。因此，他们便给人们绘制了一个"人类均力"即"人人兼习众艺"、"苦乐均平"的农工结合制的方案。这个方案的主要内容是：

（1）破除固有社会，打破国界，重新划区，凡人口达千人以上，则区划为乡。乡是独立的经济单位，在这里没有士农工商的区别，亦无上下之分，人人劳动，共同吃住。

（2）每乡之中，设老幼栖息所。人初生即入栖息所，6岁开始学习文字，11岁开始学习技术，年逾20，即出而作工。"及若何之年，即服若何之役，递次而迁，及年逾50，则复入栖息所之中"。他们把各种劳动列了一个配档表，每个人必须依次参加，而使苦乐均平。

（3）凡废疾之人，都有安排，如瞎子司乐，哑巴、聋子排字，跛子当校对，务使各得其所。

（4）行农工结合制，使富力萃于农村，并以农业为主，兼营其他各业，以满足本身需要为准。因此，每天只工作两个小时就够了，而"每人所获之谷，约计足供四五人之食"。

天义派把此方案看成是拯救人类的灵丹妙药，说

"依此法而行,则苦乐适均,而用物不虞其缺乏。处于社会,则人人为平等之人,离于社会,则人人为独立之人。人人为工,人人为农,人人为士,权利相等,义务相均,非所谓大道为公之世也?"

天义派的"人类均力"的空想社会主义方案,从其思想实质来讲,也并非独创,而"古已有之"。它是许行的"并耕"说,古代大同思想中"老有所终,壮有所用,幼有所长,矜寡孤独废疾者皆有所养"的原则和《天朝田亩制度》中"无处不均匀,无人不饱暖"的绝对平均主义思想,经过取舍补充和融化,绘制而成的,是一个农业和手工业相结合,自给自足的小农社会的倒影。所谓"产品均分"云云,不过是"个体农民"的思想方式,是平分一切财富的心理,是原始的农民共产主义的心理。

天义派不仅主张在经济领域搞绝对平均主义,而且在人的智力和体力方面也要搞绝对平均主义,以达到"苦乐平均"的无差别境界。这只能使劳动者丧失任何积极性而造成社会生产力的大破坏。因此,天义派的"人类均力主义",不是着眼于进步,而是眷恋于往古,不是构想人类未来之美景,而是发思古之幽情,美其名曰建立公平、均等的理想社会,而实际是一个停滞的、倒退的社会方案。

第三,以"个人主义为本位"实现无政府主义的手段——"运动农工"。

天义派提出了"农人革命"、"运动农工"的主张,并打算用这种手段实现自己的理想。他们认为

"中国欲行无政府、惟当举农工、军民切身之苦,启发其愤激之心,使人人均以反抗特权为标志",号召人们去学陈涉、刘秀、邓茂七。他们对于农民问题相当注意,1907年7月,刘师培便在《民报》上发表了《悲佃篇》,提出"没豪富之田,以土地为国民所共有"的激进口号,认为没收地主土地决不能靠和平改良手段,而必须"自农民革命始"。具体方法如下表:

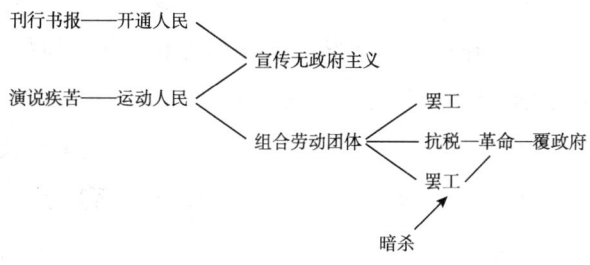

显而易见,天义派对农民问题的关注以及废除土地私有权的主张,与当时中国资产阶级革命民主派的主张相比,要前进一步;他们用"革命"的手段颠覆政府的路线,同欧洲无政府主义者侈谈个人恐怖而反对群众武装起义的路线相比,更要高出一等,显示了中国无政府主义的特色。但是,他们却又与欧洲无政府主义者一样,具有一个致命的弱点,即极端个人主义。他们"以个人主义为本位",认为只要人人充满个人主义者的嫉异心——"愤己不能与人平等";扩大个人主义的良善心——"悯人不能与己平等","则凡不平之社会,必扫除而廓清"。美哉,善言也!可惜违背了个人主义发展的固有规律——损人利己。

第四，解放妇女的良方——"破除家庭"。

妇女解放问题，也是天义派谈论得较多的一个问题。在《天义报》和《衡报》上，几乎每期都有关于妇女问题的论述。他们认为，在中国，男女很不平等，女子除了政治的压迫和经济剥削以外，还有一层夫权的压迫，他们呼吁，要进行"家庭革命"，消灭这种不合理的社会现象，实行妇女的彻底解放。

天义派曾用大量的篇幅揭露过中国妇女在封建社会所受的种种压迫、侮辱、欺凌和折磨，强烈地控诉了旧社会妇女的悲惨遭遇。他们特别集矢于儒家学说，说男女之间之所以不平等，是因为世人尊崇儒家学说："儒家之学术，以重男轻女称其宗。"从孔丘开始，经过汉、宋儒者，形成了以"夫为妻纲"为核心的一整套压迫妇女的学说，对"男子尊若九天，于女子则抑之若九渊"。他们愤激地呼喊："前儒所言之礼，不啻残杀女子之具"，"儒家之学术，均杀人之学术也"。为了使女子从男子的束缚下解放出来，他们喊出了"男女平等"、"家庭革命"的口号，有些人甚至提出要毁灭家庭，认为自有家而后，人各自私；自有家而后，女子日受男子羁縻；自有家而后，世界公共之人类，乃得私于一人；自有家而后，"夫为妻纲"之说成立。因此，"欲开社会革命之幕，必自破家始"。经过家庭革命，妇女就可以摆脱男子的束缚，成为"社会的公民"，再不是男人所牢笼的"私民"，从而真正获得解放。

天义派呼吁人们实行"男女革命"、"家庭革命"，破除中国几千年来的重男轻女之风。应当肯定，他们的有些主张是合理的，如实行一夫一妻制，男女并重，做父母的"要视女犹子，视女之所出如孙"，男女养育同等，教育同等，担任同等职务的权利；社会上的一切事务都必须有妇女参加；夫妻感情不和，可以分离；废尽天下娼寮，去尽娼女等。这些主张，反映了中国妇女摆脱夫权压迫的愿望。但是，由于小资产阶级的狂热性和思想上的形而上学与绝对化，他们的"家庭革命论"又近乎荒谬。他们主张社会革命从家庭开始，这就在家庭问题上制造了混乱。马克思主义者认为，家庭是社会经济发展到一定阶段的必然产物，同时也必然随着社会经济的高度发展而归于消亡。在封建社会里，家庭是社会的基本细胞，成为父权、夫权的附属物。但是，它不是阶级压迫和阶级剥削的根源。其实，在同一个家庭里，家长同家庭成员的利益往往是紧密相连的。无政府主义者夸大家庭的内部矛盾，把家庭斥之为"万恶之首"，就必然混淆视听，掩盖社会的基本矛盾和阶级矛盾，转移人们的斗争目标。事实上，他们所说的家庭革命，至多变成所谓伦理观念的转换，即由家庭伦理转为社会伦理，使父子兄弟夫妇之间，"尽其伦理"，矫正过去不平等的关系"而使之均平耳"。因此，他们所鼓吹的"家庭革命"只不过是一种玩弄概念转换的游戏，是流于具有改良主义色彩的空谈。

四 中国旅法人士中的无政府主义派

"新世纪派"是与"天义派"同时活跃于中国政治舞台的无政府主义团体。"世界社"是其组织机构,主持者是张静江,人称"《新世纪》主人",主要骨干是吴稚晖、李石曾、褚明谊,基本成员是中国部分旅法人员和留法学生。该派的活动地点主要在法国巴黎。由于他们以《新世纪》周刊为鼓吹无政府主义的阵地,被研究者习惯性地称为"新世纪派无政府主义",简称"新世纪派"。

 **新世纪派的组织机构及其活动**

新世纪派所在的法国,是世界无政府主义的主要策源地,无政府主义的鼻祖蒲鲁东即出生并活动于此。著名的无政府主义大师邵可侣、格拉佛、贝罗蒂埃也都生长和生活在这里,巴枯宁、克鲁泡特金亦在这里留下了他们的足迹。在法国的工人运动中,蒲鲁东主义、贝罗蒂埃的无政府工团主义曾产生过很大的影响。

20 年代初期，法国的无政府主义仍然十分活跃，据有关资料介绍，当时在欧洲的近 50 种无政府主义刊物中，法国占了相当大的比重。此期间，中国留法学生在法国阅读到大量无政府主义思想资料，亲眼目睹了法国当时的社会矛盾以及无政府工团主义斗争，这些急于寻求反专制理论武器且又尚处幼稚阶段的小资产阶级分子的思想立即得到了启发，并着手实践。

1906 年，中国旅欧人士张静江、吴稚晖与留法学生李石曾、褚民谊仿照法国无政府主义者格拉佛的"世界社"，组织成立了中国留法学生自己的"世界社"，社址设在巴黎达达庐街 25 号，正好与格拉佛的"世界社"楼上楼下。该社在成立时既无章程，也无纲领，它的宗旨，据毕修勺在《世界社四十周年纪念》一文中所称即"提倡万人平等，世界一家"，同时"联合同志，推翻异族的统治"。同年，他们又把这种组织形式扩大到国内，在上海望平街建立分支机构，由张静江的挚友周觉（字伯年）主持，"作为联络同志的机关"。

"世界社"成立以后，与日本东京的"社会主义讲习会"遥相呼应。他们出画报、办刊物、译名著，开展了一系列无政府主义的宣传活动。1906 年，他们创刊《世界》大画报不定期刊物，编印《近世世界六十名人》画册。1907 年 6 月 22 日，"世界社"又创刊《新世纪》周刊，作为该组织的机关刊物。该刊出刊 121 期，至 1910 年 5 月 21 日停刊。该刊主张"倾覆一切强权"的社会革命，以介绍巴枯宁、克鲁泡特金、蒲鲁东的学说和报道各国社会党和无政府党的活动为主。它还赞扬暗杀，抨击清政府和提倡世界语。中国国内早期无政府主义者刘师复说："《新世纪》继续出版者三年，编辑李君（指李石曾——笔者注）不但热心，且精研学理，多与法比党人游，凡克鲁泡特金及其他诸大家之著述，时时译为华文，复创刊传播小册子多种……中国无政府主义之种子实由此传播之矣。欧洲之中国留学生感受其思想者殊众。"《新世纪》由在欧洲唯一的汉字印刷厂——中华印字局铅印，发行量很大。该刊主编为吴稚晖，其文章基本出自吴稚晖、李石曾、褚民谊三人之手。其发行所在为巴黎侣濮街四号（4，Rue Broca，Paris）。

1907年，吴稚晖等又以新世纪书报局的名义编印了《新世纪杂刊》和《新世纪丛书》。据广告所言，《新世纪杂刊》共5种：即《萍乡革命军与马福益》、《中国炸裂弹与吴樾》、《上海国事犯与邹容》、《广东抚台衙门与史坚如》、《湖南学生与禹之谟》。目前我们仅见到第一种。该书登有褚民谊（笔名千放）的《就社会主义以正革命正义论》，宣传无政府主义的"社会革命"，攻击立宪派，也批评革命派。文章说："其民族主义不脱复仇主义，政治革命亦不脱专制，不过易朝改姓之瓜代，而不谓之其革命。使果中国今日犹为革命也，吾决其无济于社会，无益于人道也。"《新世纪丛书》（仅出一集）专门"译述世界各无政府名家之论文"。该书共收录6篇文章，其中5篇是李石曾翻译的国外无政府主义的著作，包括克鲁泡特金的《告少年》和《秩序》，另一篇是李石曾本人撰写的，题为《革命》。文章说："社会革命必自倾覆强权始，倾覆强权必自倾覆皇帝始，故曰政治革命为权舆，社会革命为究竟。"把资产阶级民主革命作为无政府革命的一个必经阶段。

1908年，吴稚晖等又以新世纪书报局的名义出版了李石曾译的《鸣不平》和《夜未央》。《鸣不平》是法国作家穆勒写的揭露社会不平等现象的小说，又名《社会各阶级》；《夜未央》是波兰作家廖抗夫写的描写俄国虚无党人暗杀某总督的故事。该书出版后，曾在社会上引起一定反响，并多次翻印，广为宣传。中国无政府主义者们常常用的"我辈向前进"一语，即是该剧女主人公安妮在剧终时所高呼的口号。

除出版书报外，他们还在工人中试办过勤工俭学活动。1911年武昌起义爆发后，吴稚晖、李石曾等先后回国。法国巴黎的新世纪派作为有组织的派别活动就销声匿迹了。

 **新世纪派的无政府主义政治思想**

新世纪派的无政府主义政治思想，可归纳为以下几个主要方面。

第一，最理想的新社会——无政府共产主义。

新世纪派认为，革命者的任务就是要消灭人剥削人、人压迫人的社会制度，消灭富有和贫穷，并保证普遍的富足。实现这个任务的良方不应该到储蓄制度、慈善救济中去寻找，也不应该到统治阶级内部去寻找，简单地用共和制代替君主制，也不能解决这一任务，因为君主制不是一切罪恶的唯一原因。而共和制的建立，不仅不能消除这些罪恶，而且由于产生了"资本阶级"，不过数年，世人之强者，争来凌辱，搋楚之声，又会"遍山区水隈"。最理想的方案应是"破旧有之强权，建立无政府共产主义的新社会"。

他们认为理想的无政府共产主义社会的确切特点，是"众生一切平等，自由而不放任，无法律以束缚钳制之，而外出于强迫也……故无所谓军备，无所谓政府，无所谓种界，更无所谓国界"。"无所谓人界"，"无尊卑之辨，无贵贱之殊，无贫富之分，无强弱之别，无智愚之论，无亲疏，无爱憎，无恩仇，无利害，营营而作，熙熙而息，团团以居，款款以游"。说得更具体些，就是无政府共产主义社会没有国家军队法律等，而只有"纯乎自然"的"自由联合体"，不以强权维持社会，而以"协合之契约维持社会"。这种自由联合体就是"以个人为本位。合诸个人而为村，合诸村而为国（非国家也，乃地方也——原著），合诸国而为社会"。"各人各村各地，皆有自治之全权，各自组织，勿妨邻地之自治与自由，充分发挥人的自然权利，聚众解散，各听其自由，不受任何束缚"。

很显然，新世纪所描绘的社会政治组织，俨然是与蒲鲁东的观点一致的。蒲鲁东曾经把他的无政府社会的政治组织设计为一种按"自由契约"组织起来的"联合体"。他说：在他的无政府社会里，每个家庭都与自己的邻居订立契约，从而组成公社。每个公社再互相订立契约，从而组成社会团体。团体之间再互相订立契约，从而组成联邦。新世纪借用了这种观点，他们认为，人的平等是逻辑地来源于人的本性的，人的本性就是自由，就是互助，而这种自由和互助是靠一定的组织形式来实现的，这个组织形式就是在"协会之契约"基础上的"自由联合体"。但是，蒲鲁东的自由联合体是以家庭作为起点的。新世纪派在这里超出了蒲鲁东的观点，他们认为家庭是万恶之源，束缚人的自由，造成人类社会的不平等。个人才是"自由联合体"的真正起点。

无政府共产主义的经济制度是财产公有、消灭货币、按需分配。其家庭关系发生了很大的变化。人人自立，男女平等，聚散自由，有男女之聚处，而无家庭之成立。家庭灭亡了，所谓"亲疏"、"爱憎"、"恩仇"、"利害"也就消灭了，所谓纲常伦理自然不复存在了。唯一存在的是"无忧无虑，无怨无竟，怡怡然四海皆春，熙熙然大同境象也"。

第二，实现无政府理想社会的根本保障——"废除政府"。

新世纪派同天义派一样，把政府当作最大的仇敌。他们认为，"无政府者，无强权也"，"无限制也"。国家政权是一种带强制性的机构，"是对于个人独立性的剥夺"，是人类自然权利——平等自由之死敌。无论何种形式的政府——君主、立宪、共和，"皆同轨一辙，为民之蠹、之蝗、之蛇蝎、之虎狼也"，是人类大同世界最大的障碍，实现大同，首先必须废除政府。他们把军队、法庭都看成是最不合人道的"自由之敌"。是保富人之权利而侵贪贫者之生计，助强之凭肆而夺弱者之自由的工具。因此，他们要求在废除政权的同时，废除军队和法律。

新世纪派废除政府的口号，其矛头所向直指资本主义和封建专制的政治制度。他们揭露西方资产阶级民主制度的虚伪性，指出所谓选举，不过为"富贵者得权之保障"；所谓出版自由，实际则为空言，"至谓自由集会，惟公众之会然也，此为富贵者所许，固其无害彼利"；"所谓政治自由出版自由家宅不可侵犯等等……倘用之以害彼私利，则所谓自由者，付诸流水矣"（《新世纪》第15号）。他们还特别揭露了欧美各资本主义国家自19世纪中叶以来的侵略行径，指出他们口喊民主平等自由，干的却是残害殖民地人民的勾当，他们利用科学成就，大肆扩充海陆军，发明战利品，政治家为演讲之鼓吹，书报上之宣传，伪宗教家借自由、博爱、平等之名，而对于他种族以行其不自由、不平等之实，占人土地，夺人财产。这种做法，就像"强悍无理者任意涉水于全乡人赖以活命而不顾他人之渴一样"。他们还指出东方的日本正在步西方帝国主义之后尘，妄图吞并中国。

新世纪派最突出的特点在于对封建专制的揭露和批判，其中包括对封建政治的总的揭露和批判，对它的某项政策、某一会议、某一具体问题的批判。揭露批判的对象，上起那拉氏、光绪皇帝，下至重要的清朝官员,如端方、铁良、张之洞、岑春煊、袁世凯,直到清朝的欧洲留学生监督蒯光典等。还有对封建统治的精神支柱封建礼教及其道德观念的批判。他们指出:中国野蛮政体,黑暗专制、凶暴残忍,为世界同胞所耳不忍闻、目不忍睹。凶残官吏,只知肆杀同种以讨满洲恶政府之欢心,以求升官发财。为了功名利禄,他们"封报馆,杀学生,枪饥民,戮妇女,掠民财,没民产,造谣言,兴邪说",无恶不作,干尽了残害平民百姓的无耻勾当,而人民群众无丝毫之自由权利,处于水深火热之中。他们还具体揭露了封建官吏为虎作伥、镇压人民革命、掠夺人民财产、屠杀革命人民的罪行,如野蛮总督张之洞、端方、袁世凯围剿湖南、广西、广东革命军,将捕入的平民用松香活活烧死等。

新世纪派认为,要使人民摆脱苦难,获得自由,就得废除政府,实现无政府共产主义社会。

第三,实现无政府主义理想的桥梁——"资产阶级共和国"。

新世纪派无政府主义者从进化论出发,认为人类社会是不断进步的,革命也应该不断进化;从社会进化规律来看,中国要实行无政府主义,其间必有一个过渡阶段,这个过渡阶段就是资产阶级共和国。资产阶级共和国是"实现无政府理想社会的桥梁"。他们对那种"无政府革命与资产阶级民主革命相矛盾"的说法给予驳斥,竭力说明资产阶级革命派关于"推翻满清政府"的主张"正与无政府主义之行事相合"。"排满""即系排帝王,即系颠覆政府,即系排特权";而无政府主义的主张是"平尊卑、均贫富也","去一切不公之事"。"安得谓无政府革命有妨于种族革命乎!"无政府革命和资产阶级民主革命只是"稍有异同耳",这种异同"犹行程之有远近"。由于这种认识,新世纪派无政府主义者曾经与资产阶级革命派密切合作,几乎都参加过同盟会和孙中山领导的资产阶级民主革命,有的还为民主革命做出过贡献。如《新世纪》的"主人",自称"无政府主义宣讲师"的张静江,曾多次给同盟会无偿的经济援助,对推翻清王朝起过一定的积极作用。但是,他们出于无政府宣传的需要,而对革命民主派进行的某些无理攻讦,也曾产生过恶劣的影响。例如,他们认为民族民权主义仅限于"求一国一种族少数人的自由平等幸福",是很狭隘的,只有无政府主义才是"义广理全、无公无私";诋毁资产阶级革命民主派却是"为功名利禄","不脱乎自私自利",其目的在于生前为新政府之大统领或开国元勋,而其希望则在于死后得"铜像之峨峨与穹碑之巍巍";有的甚至把革命派与反动派并列,说革命派都是"灭尽人道、丧尽天良者"等等。新世纪派把一些不实之词,当作投枪匕首,对孙中山及三民主义进行攻击,其后果是革命阵营遭损,而使反革命阵营受益。

第四,温和的社会改良手段——"教育感化"。关于新世纪派实现无政府共产主义的道路或手段,学术界有各种不同的说法,其中最具代表性的有两种:一种是新世纪派"把暗杀放在重要地位,但也主张武装起义手段推翻清政府";另一种是"以下层群众的武装斗争(即"起革命军")来实现无政府共产主义理想"。这两种说法,与新世纪派的实际主张不太符合,难以成立。

诚然,《新世纪》曾大量报道过欧洲各国暗杀活动的消息,个别文章还极力鼓吹:"暗杀是为民除害的一件直接的事",方法"较为简单","最能破坏政府"。但是,就在他们大力宣传暗杀活动的同时,都又认为,"今日犹非其时",要实现无政府共产主义社会,首先必须颠覆政府,而颠覆政府,非得大多数之同意之赞成不可。但是中国目前的现状,人们不是颠覆政府,而是"拘于道德,迷信利禄,溺于功名"。这样的思想境界,如若采用暗杀法,颠覆政府的目的是达不到的。鉴于此,把"暗杀"说成是新世纪赖于实现其理想的手段是片面的、以偏概全的说法。

接下来的问题是能否用"下层群众的武装起义即起革命军"来概括新世纪派的革命手段。在这里,问题被缩小到一个更小的范围。如果说在《新世纪》中,有关暗杀的宣传还占有一定的篇幅的话,那么,关于"起革命军"的文章则少得可怜,通观121期《新世纪》,仅有一篇文章即《去矣!与会党为伍》主张这种手段。这篇文章发表不久,就遭到大多数人的反对,认为"起革命军的方法复杂,非今日之力能达",而且"欲大起革命军,以颠覆政府者,今亦非其时矣!"

总之,"暗杀"和"起革命军"都不是新世纪派的手段,他们所主张的是"普及革命",即"以书报为传达，以演说而鼓吹"，"搞教育、宣传互助合作，传播这种美丽的理想，努力去感化统治阶级"，以为这样就可以逐步地缓慢地进化到无政府共产主义社会。

新世纪派的这种主张，一方面来源于克鲁泡特金的《互助论》，另一方面也是最主要的原因则在于他们对"革命"的理解。他们说："革命者，改良之谓也，进化之谓也，由不善而至于较为善，由不幸乐，而至于较为幸乐……革命不已，较为善较为幸乐亦不已，是之谓改良，是之谓进化。"过去的革命，是少数强权者攒利的革命，因此，革命的手段是"以刀兵，流血成渠而成革命"；今日则为多数人之革命，是为了全人类幸福的革命，因此，"仅以言论、书报而成革命"，"只要竭力鼓吹，……使信者日众，以渐达于大多数赞成之境，则强权不待排而扫地矣"。也就是说，如果"人人均知公理"，世界上一切不合理的现象便会自行消灭，"据强权者不得压制平民，挟财产者不得奴隶贫人，政府无以施其威福，虽有若无，金钱不得买其安乐，虽多奚益，当兵不愿，则军队无所成，而战争自息。法律不授，则赏罚有何效，而束缚自脱，强权扫地"。

为了说服人们放弃武装斗争，信奉他们的"教育感化"的无政府革命方法，走和平的改良道路，"新世纪派"的主要代表人物吴稚晖特著《无政府以教育为革命说》一文，反对暴力革命，提倡"以教育为革命"：他在该文中陈述的革命手段，不仅对资产阶级革命派的武装起义给予否定，就连天义派无政府主义者津津乐道的"农人革命"、"运动农工"的方法也被排除,剩下的只是"务推广革命书报,即以教科书赠人矣"。

第五,批儒反孔的激进主张——"尊今薄古"。无政府主义在中国初露头角之时,正是一些人掀起尊孔潮流之日。是时,就是在资产阶级革命派中也有一部分以复兴古学为己任。新世纪派敏感地认识到要进行无政府革命,必须清除人们思想上的障碍。他们针锋相对地提出了"尊今薄古"的口号,指出今必胜昔,新必胜旧,这是历史发展的客观规律。西方国家之所以发达,就因为他们尊今薄古,"故能今胜于古而进化无极也";而中国之所以不能随世运而行,好落人后,就因为人们尊古薄今,"非古人言不敢言,非古人行不敢行"。他们告诫人们:中国有值得赞美的几千年悠久文明,但这毕竟是历史陈迹,热心改革中国现状的志士,如果宣传祖国光辉历史,借以引导鼓舞群众去进行斗争,这还是可取的。但如果沉溺于故纸堆中,"专是古而非今,尊己而非他",拖人们前进的后腿,那么其祸群之罪,"窨应加以大辟之刑"。

新世纪派还对以孔学为中心的封建礼教展开了猛烈的攻击。提出了"孔丘革命"。他们认为:孔丘的思想被封建统治阶级用以"砌专制政府之基,以荼毒吾同胞者二千余年矣",是人们思想上的严重障碍。"大祀之牌位,一日不入火刹,政治革命一日不克成功,更何问男女革命,更何问无政府革命?"要想进行无政府革命,使人们均进入幸福世界,必须先破除迷信。

他们指出，现在热心革命的人，或发扬周秦诸子，或排斥宋元诸子，而于孔丘则不注意。虽曾有人在某一段时间中，对孔丘作了一些批判，但多是取其片言只语而加戏谑斥驳，等于口水灭火，毫不解决问题。孔丘之毒已深入人心，非用刮骨破痂之术，不能庆更生。

他们还批判了等级森严、以君权高于一切为核心的"三纲五常"，提出了"三纲革命"和"祖宗革命"的口号。

新世纪派对孔教的抨击是猛烈的，他们厚今而薄古的主张，对于顽固守旧者的复古倒退倾向是一个沉重的打击。但是，在对待祖国的文化遗产上，他们缺乏科学的态度，把古代文化遗产一律称之为"陈迹"，具有深厚的民族虚无主义色彩。

 资产阶级革命派对无政府主义派的斗争

如前所述，在资产阶级民主革命的准备时期，无政府主义派曾与资产阶级革命派合作过相当一个时期。随着民主革命运动的不断深入和发展，资产阶级革命派建立资产阶级共和国的主张愈来愈提上了议事日程，而这与无政府主义的反强权宗旨也愈来愈不相吻合。他们逐渐感到资产阶级共和国的成立，对无政府主义的发展将是一个极大的障碍，因此，便毅然把矛头对准了以孙中山为首的同盟会组织和资产阶级民主共和国方案。他们在理论上攻击三民主义，说民族主义、

民权主义仅限于"求一国、一种族少数人的自由、平等、幸福",是狭隘的。民族民主革命是"不凭公道真理"的复仇主义、自私主义;只有无政府主义才是"义广理全,至公无私"的。他们还从组织上分裂同盟会。1907年,同盟会组织内部的陶成章、章太炎等发起了反对孙中山的风潮。无政府主义派的一些人便借机利用陶、章的分裂主义错误,妄图推翻孙中山的领导。同时,他们与日本无政府主义者北辉次郎、和田三郎等勾结,妄图以北辉次郎等任同盟会干事,改变同盟会的性质,把这个资产阶级的革命党变成无政府党。

在这种情况下,黄兴、刘揆一严肃批评了无政府主义者们的这一行为,维护了同盟会的团结和统一。无政府主义者诸如刘师培、张继之流,在其阴谋破坏后,便公开抛弃同盟会的纲领,另树旗帜,发起组织了"社会主义讲习会",明确宣布以无政府主义为宗旨,公开反对资产阶级共和国的建立。资产阶级革命派对无政府主义派进行了严肃的斗争。

首先,资产阶级革命派指出无政府主义立即废除国家、政府的主张是违背历史发展规律的。他们认为,人类社会是物质世界的自然产物,国家、政府又是人类社会的自然产物。"世界自然生人类动植诸物,人类自然生社会,社会自然生国家,国家自然生政府。其生者,虽递相使以递相生,而不能禁已之不生。……自然而生,即自然而去,恶能使之去"。国家的产生、发展和衰亡都有自己的规律,现在不能违背国家政府本身的规律把它除掉。当今世界,既然还没有达到人类大同和实行无政府的条件,如果超越时代,要废除国家、政府,就不是遵循进化规律办事,就要受到规律的惩罚,招致灭绝的灾祸。超越或者落后于进化规律,都将被淘汰。为了跟上时代的发展,就必须推翻专制政府,建立资产阶级共和国。

对于无政府主义者攻击资产阶级革命派"好名"的说法,资产阶级革命派也进行了反驳。《越报》雷昭信的《名说》一文指出:"名者实之宾,有其名必有其实。"保卫祖国就要保其国名,如果不珍惜国的名称,凭任别的国家把它灭掉,就改其国名也无动于衷,实为甘心情愿做他人奴隶而不知耻。如果每个人都不好其名,毫无作为,"依木石以终其古",那么谁去生产呢?谁去关心国家大事?"无须人亡之,而彼已自亡矣!"因此,他们极力提倡资产阶级的功利主义,号召人们"以国为急",在国家生死存亡的关头用"名"去激发人们舍身起义的气概。否则,中国将"沉睡不醒,死亡无日"。

资产阶级革命派还在组织上对无政府主义者进行了坚决的斗争,他们对无政府主义者分裂同盟会,篡夺同盟会领导权的举动进行了揭露。无政府主义者们在革命阵营中日益孤立。其队伍发生了急骤分化,重要骨干分子刘师培、何震等投靠端方,张继出走伦敦,吴稚晖、李石曾、褚民谊等相继回国。在国外留学生中兴盛一时的无政府主义派也随之衰落下去。

五　民国初年的无政府主义思潮

辛亥革命以后，曾流行于法国巴黎和日本东京留学生中的无政府主义思潮，开始进入中国本土，"数年前由巴黎《新世纪》所播下之种子，从此在中国国内开始传播"。吴稚晖、李石曾相继成立了"进德会"和"留法俭学会"，将数年前在法国巴黎建立的新世纪派的主张移植国内，主张平和的社会革命，尤以推崇个人的品德修养、洁身自好为特点；沙淦、乐无组织了"社会党"，主张"极端的社会主义"，而"惟以无政府共产主义为依归"；师复等组织了"心社"、"晦鸣学舍"、"无政府共产主义同志社"，大肆宣扬无政府共产主义，主张财产公有，要求废除私有制，废除国家，代之以自治组织。这一时期的无政府主义曾以其"社会主义"的声誉，在民国初年的特殊历史条件下，在各种社会思潮中占着独特的地位，影响着相当一部分流氓无产者和小资产阶级知识分子，尤其是师复的无政府主义宣传，甚至影响到一部分手工业工人。之所以如此，是因为袁世凯篡权后，国家的情况一天比一天坏下去，人们对帝国主义的侵略、军阀的残暴统治、社会的腐败极为厌恶；被实践证明不能领导资产阶级民主革命取得彻底胜利的资产阶级革命派从政治舞台暂时退却，孙中山在探索和寻求新的出路，而中国工人阶级又没有作为一支独立的政治力量登上政治舞台的情况下，宣传"欲救其弊，必从根本上实行社会革命，破除一切强权"的无政府主义，便逐渐在国内占据市场，并形成一股颇有影响的政治思潮。

 沙淦、乐无与社会党

社会党于1912年12月2日在上海成立。主持人是沙淦，主要成员有乐无、安镇、叔鸾和哀鸣，代表其主要观点的刊物有《社会世界》、《良心》、《人道周报》和幻想小说《极乐地》。尽管这个组织的存在前后不到一个月即被袁世凯政府取缔，但是，其对袁世凯政府的本质的抨击，对江亢虎伪社会主义的揭露，对无政府个人主义的宣传，却在人们中产生过较为持久的影响。

社会党的前身是江亢虎组织的"中国社会党"。中国社会党就其性质来说，是一个小资产阶级政党，它的组织成分基本上是小资产阶级知识分子、工商业者、破产的农民、小手工业者和其他劳动人民。其思想成分是无政府主义、社会改良主义和民主主义的复合体。该党成立初期具有明显的无政府主义倾向。它"不置党魁，所有者惟事务所主任干事，党员各尽所能，并

无特别之职务名称"。吸收党员也漫无限制，无论何人，无经介绍，皆可为党员，且来去自便。这与其首领江亢虎的思想有直接的关系。江亢虎曾在日本接受过无政府主义的熏陶，提出过"欲求安乐，必举其苦的根本推翻之，由有宗教转变为无宗教，由有国家转变为无国家，由有家庭变而为无家庭"。后来，他又在《无家庭主义意见书》中列举有家庭则无其亲属、无其自由、无其平等的例证，认为"欲求亲爱、自由、平等等快乐者，必先破除家庭"。1911年，他又发表《个人》一文，极力宣扬无政府主义的极端个人主义。他说：个人是世界之原分子，世界由单纯之个人直接构成，国家、家庭、民族、宗教团体等"皆不应成为世界与个人直接关系之中梗"。他并且公开声称："余所倡导之个人主义，即余所倡导之社会主义。"在实现理想社会的手段上，江亢虎接受过新世纪派的影响，主张搞教育、宣传互助合作，鼓吹取得大多数之赞同，就可实现无政府主义社会。他在中国社会党党纲中阐述的"破除世袭遗产制度"则直接来源于巴枯宁的"废除继承权"的说教。但江亢虎终究不是无政府主义者，他只不过是个投机钻营的政客而已。袁世凯篡权以后，他很快便投向了袁氏的怀抱。他的这一举动使沙淦等无政府主义者们极为愤慨。于是，沙淦等人于1912年11月2日在《民立报》上发布宣言，公开与江亢虎的中国社会党决裂，另组以"纯粹社会主义"即无政府主义为宗旨的社会党。

社会党成立以后，开展了一系列的活动。

他们揭露江亢虎不是真正的社会主义者，而是利用社会主义名词追名逐利的投机分子；江氏的社会主义是"非驴非马之主义"，是社会改良主义，而不是"纯粹社会主义"。他们揭露袁世凯的伪共和政权是个"专制极顶、野蛮极顶的老大帝国"，斥责袁世凯是个杀人不眨眼的"专制魔王"，说袁记共和建立以后，国耻日深，共和之幸福未见，伪共和之祸患相寻。吸贫民之膏血，饱彼等之私囊。政治依然黑暗，民生之敝瘼加甚，金钱贿买之风弥张，旧病未除，新患又增；他们还对那些在革命中号称志士，革命后只知升官发财的"革命巨子"极为不满，抨击他们"今也一登仕途，心肠顿移，面目顿改，前日所不为者，今日以利禄而为之矣"。他们告诫人们：政治是肮脏的，人们一参与政治就跌进了罪恶的深渊。号召人们放弃政权角逐，致力于无政府的宣传。

他们给人们描绘了一幅无政府主义的美好蓝图。在这个社会中，人们在经济上绝对平等，在政治上绝对自由。他们所设想的理想制度的基本原则，与历史上所有的空想社会主义并无二致，都为财产公有，人人平等，绝对自由，按需分配。但他们根据这种原则所缔造的社会结构却别具风格。他们把自己的理想社会具体化为六个机构，即：分配机关、教育机关、职业机关、生养机关、结构机关和游玩机关。各机关各尽其责，各行其是。这一构想，是辛亥革命前的无政府主义派新世纪派所不及的，甚至比天义派的"人类均力"更具体，更全面。

如何实现其无政府主义理想，在社会党内部，由于各个成员对现实世界的认识和对无政府主义的理解不同，其主张也存在着很大的差异。《人道周报》的编辑徐安镇和冯叔鸾认为无政府革命就是"生计革命"，人民的要求是吃饱肚子，对于共和则并不关心。他们希望有一个理想的社会组织，在经济上能够解决人民的生计问题，在政治上采取民主和放任政策，做到"平民人人如政府，政府无异于平民"。到那时，"谓之共和也可，谓之无政府也可"。重忧和乐无则把无政府主义归结为人性的要求，认为人类心灵的改造是社会改造的前提。人的私欲心是罪恶的渊薮，名、利、色是引诱私欲心的根源。人类要摆脱名利色的引诱、去掉私欲心，唯一的途径就是"唤起全世界人类本有之博爱心"，若人人均有博爱心，"则恶制度伪道德不倾覆自倾覆，而无政府自然实现矣"；哀鸣则主张逃离现实世界，离开人群，"离开世界间那些魔鬼，隐在深山，或乘桴桴于海，钓鱼打猎，栽花插柳，种种田园，高声呼天，低声叫地，大声歌唱，猛声骂贼"，认为这就是真正自由的无政府主义理想制度；沙淦与上述各派无政府主义的主张不同，他主张直接面对现实，以铁和血来消灭现实世界中的罪恶。因此，他组织了"侠团"，试图通过侠士的暗杀举动，来唤醒民众的觉悟，实现自由平等的理想社会。

沙淦等人的社会党得到了中国社会党内外的无政府主义者的支持，如"少年中国共产党"就曾致函沙淦等人，表示"无限钦佩"和愿为该党组织"江都机关"（即扬州府）。但是，由于社会党声言将"实行共产"和铲除强权，预备世界大革命并对袁世凯进行了猛烈的抨击，因此，引起了袁世凯政府的严密注意，成立不过半月，就被袁世凯政府以"实行共产、铲除强权，必至劫掠煽乱"、"造语离奇、尤为狂悖"等罪名下令取缔。于是，刚刚建立几天的"数十处"支部随即遭到解散。沙淦本人也在"二次革命"中，因参加陈其美的反袁活动在其家乡江苏南通被张謇杀害。

 **晦鸣学舍与《晦鸣录》**

"晦鸣学舍"是广州的一个宣传无政府共产主义的团体，1912 年 5 月成立于广州西关存善东街 8 号，发起者是师复、彼岸、佩纲、扈离、天放、抱蜀、无为等，主持者是师复，其机关刊物为《晦鸣录》（后改为《民声》）。

"晦鸣学舍"成立以后，其成员开展了广泛的无政府主义宣传活动。

第一，他们大量翻印新世纪派编辑的《新世纪丛书》和《无政府主义粹言》，并把这两本书中的主要文章辑成《无政府主义名著丛刻》；印行《军人之宝笺》、《无政府主义》等。这些书由晦鸣学舍的印刷所各印 5000 册，无代价地邮赠给国内各报馆、会社、省议会、县议会。这个数字在当时出版业落后的旧中国是相当可观的。

第二，创办《晦鸣录》杂志。1912 年 8 月，《晦鸣录》面世，作为"学舍"的机关刊物，七日一期，仅出两期，便为广东的封建官吏龙济光所不容，封闭了"晦鸣学舍"，不得已，遂迁至澳门，改《晦鸣录》为《民声》，继续出版。在澳门出版了三四两期后，袁世凯和葡萄牙领事勾结，又禁止出版，于是不得不再迁至上海，到1916年共出29期（1921年又在广州复刊，出至38期）。该刊的主要内容是提倡无政府主义，翻译无政府主义者的著述，介绍国内外无政府主义者的活动和世界工人罢工情况等。撰稿人除师复外，还有黄凌霜、区声白等。此刊物不仅在国内发行，而且在香港、南洋群岛流传。

第三，阐释无政府主义的基本观点，试图构造中国式的无政府主义理论体系，制定无政府主义者的行动纲领，规范无政府主义者的行为。这一时期，"晦鸣学舍"的基本纲领是：①一切要件——如土地、矿山、工厂机器等，悉数取还，归之社会公有，废绝财产私有制，同时废除钱币。②一切生产要件，均为社会公物，惟生产者得自由取用之。例如耕者自由使用田地及耕具，而不必如今日之纳租与地主或受雇于耕主。工业者自由使用工厂之机器原料的创造物品，而不必如今日之受雇于厂主。③无资本家与劳动家之阶级，人人应当从事于劳动（如耕织、建筑、交通、教育、医药、保育以及其他等等，凡人类正当生活所应有之事业），惟各视其性之所近，与力之所能，自由工作，而无强迫与限制。④劳动所得之结果——如食物、衣服、房屋以及一切用品——亦均为社会公有，人人皆得自由取用之。一切幸福人人皆得共同享受之。⑤无一切政府（无论中央政府或地方政府），凡为统治制度之机关，悉废绝之。⑥无军队、警察与监狱。⑦无一切法律规条。⑧自由组织种种公会，以改良各种工作及整理各种生产，以供给众人（例如长于农事者可联合同志组织农会，长于矿业者可组织矿会），公会之组织，由单纯以至复杂。惟组某种公会者，即为某种之劳动者，而非首领非职员。任职者亦视为劳动之一种，而无管理他人之权。会中亦无章程规则以限人之自由。⑨废婚姻制度，男女自由结合，产育者由公共产育院调理之，所生子女，受公共养育院之保养。⑩儿童满6岁以至20或25岁，应入学受教育。无论男女，应当得最高等之学问。⑪无论男女，由学校毕业至45或50岁，从事于劳动，此后休养于公共养老院，凡人有废疾及患病者，由公共病院调治之。⑫废去一切宗教及一切信条，道德上人人自由，无所谓义务与制裁，使"互助"之天然道德，得自由发达至于圆满。⑬每人每日劳动时间，大约由2小时最多至4小时。其余时间，自由研究科学，以助社会之进化，及游息于美术技术，以助个人体力脑力之发达。⑭学校教育，采用适宜之万国公语，以渐废去各种之不同语言文字，而远近东西全无界限。这是"晦鸣学舍"给中国人民设计的一个理想蓝图。这个蓝图与"天义派"的"人类均力说"，社会党的未来社会结构的设想相比，显得更周详、更空想、更无实践意义，它几乎包括了政治、经济、文化、教育、公共福利事业等各个方面，是中国无政府主义思想史上不可忽视的一页。

第四，成立了各种组织，努力扩大其宣传和影响的范围。1912年7月，师复、渭生、华林、振英、声白、凌霜等成立了"心社"作为"晦鸣学舍"的外围组织，并订有社约十二条，即不食肉、不饮酒、不吸烟、不用外役、不坐轿及人力车、不婚姻、不称族性、不作官吏、不作议员、不入政党、不作海陆军人、不奉宗教。凡能履行这十二条社约的，即为社友。但其实行与否，并无具体要求，只是各问良心，也无任何罚条。1914年5月，又在江苏常熟成立了"无政府主义传播会"，在南京成立了"无政府主义讨论会"，在上海、广州分别成立了"无政府共产主义同志社"。一时之间，轰轰烈烈汇成了一股思想潮流，狂猛地冲击着封建专制主义的堤坎。

第五，展开了对其他社会主义流派的论难，极力为无政府主义在中国的传播清除思想障碍。民国初年，孙中山和江亢虎都自称是社会主义者。"晦鸣学舍"在宣传无政府主义的同时，以自己的主张和思想为正宗展开了对孙中山和江亢虎社会主义的论难。首先，他们对江亢虎的主张进行了批判。江亢虎断定，无政府主义与马克思主义是同源同流。在1871年巴枯宁与马克思分裂以前，二者是二合一，一而二的。"晦鸣学舍"认为，无政府主义运动与马克思的社会主义运动从开始时就是各自进行的运动，各有其源流和发展过程，不能混为一谈。师复还专门写了一篇《无政府共产主义释名》，以"正名"的口吻，批判"近有欲浑称无政府主义曰社会主义者"。他给无政府主义下了一个定义:"无政府共产主义者何?主张灭除资本制度,改造共产社会,且不用政治统治者也。质言之即求经济上及政治上之绝对自由也。"针对江亢虎把无政府主义、共产主义、社会主义、国家社会主义混为一体,又自称"纯粹社会主义者",师复指出:"纯粹社会主义"其纲领应是无政府主义。社会主义是对于经济的,无政府主义则是对于政治的,不应混为一谈,无政府主义可以"兼赅"后者,无政府主义者除进行经济斗争外,还着眼政治斗争,反对政府。因此,一切无政府主义者都是社会主义者,但社会主义者不一定是无政府主义者。其次,他们批评孙中山、江亢虎都不是社会主义者。1912年,孙中山在中国社会党的集会上重申信奉社会主义,承认马克思为社会主义之父,但又主张马克思学说应以亨利·乔治的理论为依据,引申出平均地权、节制资本的主张,并名之曰民生主义,进而名之曰社会主义。师复尖锐指出,无论是孙中山或是江亢虎,主张的都不是社会主义而是社会政策,他们都不主张废除私有财产。孙中山的单税政策,江亢虎的遗产归公都是国家社会主义的特征。再次,无政府主义以"排斥强权为根本",反对政府,反对强权,而孙中山、江亢虎却把国家作为实现社会主义的手段。

"晦鸣学舍"的成员对于社会主义运动的知识,似乎比他的政敌要懂得多些和丰富些。不过,他们对于马克思主义也只是用一双无政府主义的眼光观察所得到的片面的、歪曲的图像,全然不了解马克思的科学体系和革命灵魂。师复还断言马克思主义为一经济社会主义者，较之克鲁泡特金则"稍逊一筹"。更为严重的是，他的一切立论要以无政府主义来贬低、非难马克思主义，证明无政府主义比马克思主义优越，诋毁马克思主义在中国的传播，为无政府主义在中国的传播创造良好的条件。

第六，反对孙中山领导的保卫民主共和制度的斗争。袁世凯窃国以后，孙中山发动了"二次革命"。这是资产阶级革命派反对袁世凯独裁、保卫民主制度而进行的第一次武装斗争。"晦鸣学舍"的成员们对此次革命持反对态度，指责其是"以政府倒政府，终无善果"。"二次革命"失败后，到1914年6月，辛亥革命时建立的资产阶级民主制度，包括《临时约法》、国会等等，均被袁世凯所破坏。1915年，孙中山发表了《讨袁檄文》，揭露和痛斥了袁世凯废除约法、解散国会、破坏共和、谋叛民国、复辟帝制的反动行径。同时，孙中山所领导的中华革命党，"以扫除专制政治、建设完全民国为目的"，在全国各地联络军队，组织暴动。此时，无政府主义者们却从反对一切强权出发，说"国会与法律皆在当废之列"。"凡有政府，皆属万恶。袁氏虽去，岂遂无类于袁氏者起而代之；即使继袁者决胜于袁，亦不过其恶之大小略有比较，如五十步与百步之说耳"。这就在客观上维护了以袁世凯为代表的大地主大资产阶级的反动政权。

第七，"晦鸣学舍"还看到了组织工人的重要性，并着手组织工人团体，向其灌输"社会主义意识"（实质是工联主义意识)。邓中夏回忆说:"无政府党对于工人的影响的确延长十余年。""无政府党在南方工会中有很大影响。"他们在广州组织了理发工会和茶居工会,理发工会当时有基金10万元。他们还出版了《工人宝鉴》小册子,对工人进行经济斗争必要性的宣传,启发工人向工厂主进行缩短工时、增加工资的斗争。1914年8月,上海发生漆业工人罢工,《民声》杂志立即发表师复的《上海漆业罢工风潮感言》,师复在该文中强调工会组织的"宗旨""当以革命的工团主义为骨髓,而不可舍丝毫之政治意味","在保护工人道德上经济上各种权利",总之"不恃政治而维持自己实力以灭除贫富阶级",企图使工人运动脱离当时反对帝国主义和反动军阀的政治斗争。他还指责工人阶级觉悟低,"而未尝有所进步"。师复认为工人运动的方针"不外六字"即"结团体,求智识"。

　　1915年3月,"晦鸣学舍"的主持者刘师复因肺病死于上海。他的死,对中国的无政府主义运动是一个巨大的打击。有些无政府主义者哀叹师复死后"理论建设,后继无人";有的哀悼师复的死是"狂澜既倒,砥柱中摧"。的确,师复死后,《民声》杂志随之而一蹶不振,时出时停,不复有当日之气焰了。无政府主义队伍也发生了急剧的分化。一部分人投靠袁世凯门下,作议员当官去了;有的则抛弃了无政府主义,接受基督教洗礼,当了牧师;另一些人如凌霜等,继续举着无政府主义的旗帜。然而,由于诸多因素,力不能支,活跃一时的无政府主义思潮,翻卷了几个浪花又低落下去了。

六　刘师复的无政府主义政治思想

师复是中国著名的无政府主义者。他在短暂的一生中致力于无政府主义的研究和宣传,继承并发展了新世纪派和天义派的无政府主义。他的无政府主义思想,从一定意义上来说,可算是从辛亥革命到五四运动中国人寻找救国救民真理过程的一面镜子,在中国近代无政府主义乃至整个政治思想史上都占有特殊的地位。

 **师复其人及其活动**

师复(1884～1915),原名刘思复,1912 年 7 月废姓,易名师复,广东香山县(今中山)人。1905 年东渡日本,与日俄两国无政府主义者邂逅于东京,交往甚密。这个满怀救国热情的革命青年,出于对清政府的专制、横暴与腐败的义愤,很快对无政府主义产生了浓厚的兴趣。他阅读无政府主义的书刊,学习制造暗杀武器的技术和进行暗杀活动的方法,"深信无政府主义和暗杀方法可以除暴惩恶,拯救中国的劳苦大

众";他在暗杀活动中多次负伤,受缉遭捕,以至身陷囹圄。1907年,师复准备在潮惠起义时暗杀粤督岑春煊和水师提督李准,在试验水银炸药时失慎爆炸,击伤脸部;同年6月,又打算乘李准赴总督衙门参谒时进行截击,在秘制炸弹安装雷管时,又失慎爆炸,重伤左腕,并被捕入狱。但是,反动政府的牢门并没有关闭他对主义的信仰与忠贞。他从狱外战友手中获得了轰动当时的中国无政府主义刊物《新世纪》,并潜心学习和研究。该刊对西方资产阶级民主制弊端的揭露,对西方无产阶级革命斗争形势的宣传,对清政府罪恶的抨击,以及对无政府主义的渲染,使师复更加坚信只有无政府革命才是拯救中国的良方。他的美妙理想是:"政府一去百事了,争夺之社会一变而为协爱的社会。"他自信自己是改造这个"争夺"的社会、建立未来和谐社会的力行者。师复出狱后,即于1910年,在香港组织了国内第一个无政府主义团体——支那暗杀团,公开标揭无政府主义旗帜,声称他们是"反抗强权之革命党,而非复政治上之革命党",开始了他的有组织的"无政府革命"活动。师复等人掀起的无政府主义的旋风,与中国人民民主革命风暴同时并进,而民主革命风暴愈甚,他的理论与实践便越是与时代不相容。在这种情况下,师复却顽固坚信他的理论正确,表现得坦然自若,义无反顾。

师复推行无政府主义的一个显著特点,就是十分重视个人的品德修养,寡嗜欲,薄荣利,以身作则,兢兢而行。故此,他赢得了许多同道者的爱戴。他仰慕托尔斯泰的泛劳动主义和新世纪派的"道德自我完成说"，于 1912 年 7 月与郑彼岸、莫纪彭等人组织"心社"，宣称"破除现代之伪道德、恶制度，以吾人良心上之新道德代之"。他把吴稚晖等在辛亥革命后创办的"进德会"的"六不会"原则改造成为"十二则信约"，想以这些带有浓厚无政府主义色彩的人道美德抵制社会上流行的恶习伪俗，从而使愤世嫉俗的小资产阶级知识分子在暗暗黑夜中看到一线光明。1913 年 8 月，师复又通过《晦鸣录》杂志，公布了八项纲要，强调"共产主义"，反对军国主义、宗教主义、家族主义，提倡素食主义，号召万国大同。师复把道德和主义相提并论，同中国传统的黄老学说以至儒学如出一辙。他虽然对敌人使用"暗杀"手段，但是他重文治讲身教的倾向却是十分明显的。师复仅活了 31 岁。在他因肺痨而卧床不起的时候，仍然坚持他所制定的清规戒律，他的殉德精神和殉道精神是完全一致的。

师复一生所走过的道路坎坷不平，正如他的门徒们所说的，他是被政府驱逐，被资本家忌恨，被学究轻视而无地自容的"叛徒"，他从救国救民的意愿出发，结果却陷入无政府主义泥坑不能自拔，最后于孤独、贫困和凄凉中瞑目而逝，其根本原因，是违背了历史发展的客观规律，走进了脱离群众、脱离实际、逃避现实的死胡同。

 **师复的无政府主义政治思想**

师复一生著述有《师复文存》、《伏虎集》等，其

无政府主义思想大致可归纳为以下几个方面。

第一，无政府主义的理论基础——潮流论。

对于天义派和新世纪派的无政府主义理论，师复曾作过不少的探讨，对于人类社会，刘师复亦作过不少的观察与研究，并从中悟出了一个"规律"，名曰"潮流论"。他牵强附会地用此来解释人类社会的各种现象。"潮流论"是他的无政府革命的理论基础。

师复在探讨穷人与富人之间的斗争时，不只限于叙述资本主义时代所出现的贫富之间的斗争，揭露资本主义制度对工人群众的残酷压迫和剥削，还从人类社会的历史发展中探讨其内在的规律性。师复认为：在人类社会中，历来都存在着两种对立的思想和行为的潮流，一种是"穷人的潮流"，即"人民的潮流"，另一种是"富人的潮流"即"强权的潮流"。前者是"靠劳动为生的劳动阶级"，包括农人、手工业家、工人、苦力、雇役以及教师、医生、工程师等。这些人为了使社会得以存在和发展，相互支援，在平等的基础上建立各种团体和组织进行生产，排解纠纷，维护和平。后者是"不劳动而亦能生活的阶级"，包括地主、商业家、工厂主、官吏、议员、政客等。这类人总是想高居于人民之上，强迫人民为自己劳动，坐享其成。这两种人构成了两股对立的潮流。二者之间的激烈斗争，推动人类社会不断向前发展。

"人类社会首先是分为富人和穷人，有产者和剥削者的，这是人类社会发展的基本事实"（《斯大林文选》上册第6页）。刘师复没有离开这个基本事实去谈社会发展的规律，这一点在马克思主义于中国普及以前，应属思想之秀。当然，师复并没有认识到，阶级的划分是以人们的社会分工和对社会财富的占有为基础的。他不了解阶级差别的基本标准，是人们在社会生产体系中的地位，正是这些对社会生产资料具有不同的关系的人们之间的矛盾与斗争，才推动了社会的不断发展。

把社会区分为"穷人"和"富人"两部分，这是以往空想社会主义的共同之处，师复的"潮流论"实际上是继承了这种"贫富论"的观点。他的独特之处是指出了自食其力与不劳而获这种贫富之分的实质，并把"富贵"和无偿占有他人劳动联系在一起，用两种不同的"潮流"对这样两种不同的社会成员加以概括。

师复并没有摆脱天义派和新世纪派的理论窠臼，不同的是他用"潮流论"作为其理论指南，用"强权论"去分析私有制和国家产生的根源及国家的职能。师复认为，在私有制和国家出现以前，人们都生活在自治的团体里，自由地决定着自己的事情，这是"人民的潮流"占优势的时代。后来，"强权的潮流"抬头，少数人运用它"将财产占为己有"，"奴役其被征服之人，复驱其人与它部落战，互为敌国"，于是便出现了私有制和国家。他认为，"国家从来就是地主、军官、法官、牧师和近日资本家想相互维持各自统治人民的强权并利用多数贫民谋自己的富有的一个互相保险的社会"。人民不满少数人的统治，起来反抗，但始终未能废除国家。太平天国起义是中国历史上"人民的潮流"反对"强权的潮流"的最大的一次革命斗争，但是，革命的结果还是按照旧制度的原则建立了新的国家组织，人民仍然陷入了被统治的地位；辛亥革命也犯了同样的错误，它之所以失败，就是因为建立了一个政府。

不言而喻，师复把国家和私有制的产生归结为"强权"与"暴力"的观点违背了历史事实。"暴力论"早已为马克思主义的经典作家所批驳。恩格斯在批判杜林时早已指出，国家和私有制的出现不是由于暴力的作用，而是由于经济的原因，由于生产力和生产关系的矛盾运动。一切社会的权力和政治暴力，都起源于各该社会历史地产生的经济条件，"全部过程都为纯经济原因所说明，而毫不需要任何掠夺、暴力、国家或其他的政治干预"。师复不能认识这一点，除了其他的原因之外，当然也同他的无政府主义立场有关系。但是这里应当指出的是，生活在20世纪初的师复，在资产阶级改良主义盛行的中国，看到了国家不是从来就有的，也不会永远维持下去；以往一切国家都是少数人压迫多数人的社会组织，并对反动腐朽的清政府及资产阶级共和国的虚伪性加以揭露和抨击，这种言行不仅具有合理的性质，而且反映了当时中国知识分子在对国家这一社会历史现象认识上的某种水平，我们不能因为他信仰了无政府主义而将其认识中的合理内核一笔抹煞。

在师复看来，国家既然是起源于"强权的潮流"，是强权的化身，其作用也自然仅仅是有利于强权势力，即"保护私有财产"、"束缚个人自由"、"扰乱世界和平"。于是，国家的出现，便改变了人类社会自然与自由的本性。他说："人类饥则食，寒则衣，能耕织以自赡，能筑室以自安，能发明科学以增进社会幸福，无取乎政府之指挥也，亦无需乎政客之教训也。自有政府，乃设种种法令以绳吾民，一举手一投足皆不能出此网罗陷阱之中，而自由全失。"他认为，世界人类本来是四海皆兄弟，"本能互相亲爱，政府乃倡为爱国之论，教练行凶杀人之军队，以侵凌人国为义务，于是，宇宙之间同胞互为仇敌，而和平全失"。为恢复人类社会本来具有的"自由状态"，他声明，无政府共产党人以反抗强权为要义，凡有强权性质之恶制度，一概扫除之，"本自由、平等、博爱之真精神，以达吾人之所理想之无地主、无资本、无首领、无代表、无家长、无军队、无监狱、无裁判所、无法律、无宗教、无婚姻制度之社会"。

很显然，师复所要达到的这个"十二无"的"大好世界"，其要旨是废除一切"强权"。这与其说他是在追求一个理想社会，不如说他因为憎恶一个强权压人的现实世界而反对达到理想社会所需要的无产阶级的革命权力——无产阶级专政。他不了解政治权力和政治机构是社会文明与进化的一种表现，于是为反强权而将文明之火一并打灭。

第二，无政府主义的归宿——"共产主义"。

刘师复在反对剥削阶级统治的同时，也描绘了一幅新的理想社会的蓝图："人人自由,人人自治,以独立之精神,行互助之大道","实行财产公有制,一切生产要件均为社会所公有",没有偷盗、抢劫,没有杀人放火,也没有自私自利,唯有"劳动"和"互助"。这种共产主义是他无政府革命所追逐的最终目标。如何实现这个目标,师复认为要做如下两个方面的工作。

(1) 废除国家,立即实现一切社会财富的"公有制"。师复主张,在废除国家之后,社会一切生产的和生活的资料"均为社会公有"。他反对将生活资料以至一部分生产资料保持私有。他说"社会主义者反对私有财产,主张以生产机关(土地、机器等)及其他产物(衣服、住房等)归之社会公有之谓也,其简单之理由以人类之生活赖乎衣食住行,衣食住行之所由来,则土地生产之,器械作之,而尤必加以人工者也"。他甚至认为,要区别什么是生产资料与生活资料是很困难的,因为房屋、衣服、食品等消费品对于生产者来说,如同他们的机器、原料和其他工具一样,都是生产中不可缺少的。因此,没有必要在生产资料与生活资料上划分一条鸿沟,而对二者采取不同的方法。

师复这种否认生产资料和生活资料差别的观点,是长期以来中国封建制度下小生产个体经济所形成的生产资料和生活资料一体化的反映。师复共生活资料之产的观点,是要用"公有"或均平的手段消灭人类社会在产品分配上的差别和矛盾,这完全违背了社会发展的基本规律。

(2) 人人生产劳动,实行"各尽所能、各取所需",即"本各尽所能、各取所需之义,组织自由共产之社会,无男无女,人人各视其力之所能,从事于劳动,劳动所得之结果——衣食、房屋及一切产品——劳动者自由取用之无所限制"。他以为这是最公平最合理的,也是最实际的,而"各尽所能、按劳取酬"的分配原则,以及生活资料私有,则仍然意味着"不平等",只是"半面的或片面的共产主义"。

师复所幻想的无政府共产主义超越了社会主义这个从资本主义过渡到共产主义的历史阶段。这也是中国社会古老的小生产方式的反映。这种共产主义是空想主义,又是人类追求自我解放的幼稚表现。马克思在批判这种空想家时指出:他们"主要是幻想借助细小的手段和巨大的感伤情怀来消除阶级的革命斗争及其一切必然的表现"。师复否认共产主义有一个社会主义的发展阶段的观点是服从于他反对一切政府和政治权力这个总的政治目标的。他最为愤恨的是已经造成罪恶的剥削阶级政府,但事实上这种理论的矛头必然要指向无产阶级政府。师复的无政府共产主义在理论上猜到了共产主义的某些特征,而在实践的道路上则堵塞了通向共产主义的必由之路。

第三,师复无政府革命的形式——"平民革命"。

在师复的无政府主义思想中,有一个同中国人民争取解放的斗争关系最为直接,因而也最为人们所向往的观点,即"平民大革命"。这个论点关系到用什么方式和策略来实现革命的政治目标,是近代一切社会革命不可回避的一个基本问题。然而,就是在这个基本问题上,进一步暴露了师复的所谓"革命"的空想性质。

师复说:"平民大革命即世界大革命。故吾党万国联合,而不区区为一国说法。"平民大革命的过程"当以欧洲为起点,如法德英西班牙意大利俄罗斯等国,均已传播极广,一旦起事,或数国合举,或一国先举,其余诸国皆必闻风响应。工党罢工,军队倒戈,欧洲政府将依次倒毙,吾党之在南北美及亚洲者,亦当接踵而起,其成功之迅速,必有不可思议者"。在这里,师复不仅描述了世界革命和中国革命的形式和道路,而且将第一次世界大战世界各国的如火如荼的革命形势描绘为无政府革命,展示在人们眼前,企图使人们相信,无政府党人的革命胜利是指日可待的。

师复对实行平民大革命的方式有过详细的设想:用报章、书册、演说、学校等传播主义于平民,使多数人明了主义之光明及将来社会组织之美善,知"劳动"为"天职",视"五助"为"良德",在其传播过程中,看其时势,采取反抗形式如抗税、抗兵役、罢工、罢市、暗杀、暴动,反抗强权,伸张公理,激动风潮,遍传遐迩;一旦传播成熟,众人起事,推翻地主资本家,建造正当之新社会。师复特别强调传播主义,"劝其感化",使人们都自觉地发扬"互助"良德,为实现无政府共产主义而努力。他还把传播主义、感化平民作为无政府党的唯一工作,说除此之外均非吾党"所有之事"。在他的眼里,无政府党人就像救世主,无政府主义者的宣传和感化力量,有如"轰动全球的炸弹"。

师复主张的"平民大革命"由谁来领导呢？他说实现理想社会"赖乎吾党之实力"，"而欲增进吾党之实力"，各地无政府主义者应"各在其所在地与其宗旨相同者联络为一，相其情势，创设'自由集合之团体'"。显然，师复并不排斥一切组织，他所排斥的是有纲领、有章程和严密的组织与严格的纪律的政党，而崇尚所谓"自由集合之团体"，无政府革命正是依靠这种团体来进行的。

否定权威是无政府主义者否认政党和政治权力的重要理论依据。反权威的思想，实质上非但动摇不了在阶级斗争和生产斗争中产生和形成的真正的权威，反而恰恰成了对包括无政府党在内的反权威主义者的自我嘲讽。有人曾拿救火作为比方，对无政府主义组织的涣散作过生动的描述："锣鼓一响，人们从四面八方赶来，火灾一除，立即云散。"这种名曰"团体"、"组织"，实则一盘散沙的情况，使无政府主义者吃了不少的苦头，他们经受不起一点艰难险阻，反动派的恫吓高压一来，刊物停办，人员四散。无政府主义的团体，虽然数量繁多，但没有几个能维持长久，他们办过一些刊物，但没有一种不是昙花一现。以这种松散的组织去与专制的反动政府和黑暗的旧社会挑战，无异于投散沙以击石，驱蚍蜉而撼树，哪里还谈得上"社会革命"与"世界大同"。中国革命的历史经验表明，要想获得革命的成功，必须最广泛地把人民群众组织和发动起来，使人民有组织地用革命的暴力反对反革命的暴力；必须有一个用先进的革命理论武装起来的、有远见卓识的、坚强的、有严密组织纪律的统一的革命政党的领导。这是时代的要求，是人民起来推翻剥削制度，建立自己的革命政权的最基本的条件。刘师复同一切无政府主义者一样，否认这一基本经验，他的"革命"、"改造"、"共产"云云，就只能是痴人说梦。

七　五四时期无政府主义思潮的泛滥

　　五四运动前后，中国的思想文化界出现了现代史上最活跃的局面，各种社会思潮互相激荡，一时泥沙俱下，鱼目混杂。因师复的死而奄奄一息的无政府主义获得了广泛传播的条件，开始了它最为活跃的时期。无政府主义者们大组团体，广办刊物。据不完全统计，此时期无政府主义者所组织的社团有90余个，办的刊物有70多种。除人们熟知的"实社"、"奋斗社"、"进化社"、"学汇社"、"民声社"、"工余社"等社团外，还有北京的"中华农村运动社"，广州的"真社"、"素社"、"火焰社"，上海的"道社"、"民众社"，四川的"适社"等团体和北京的《农民之友》，广州的《劳动》、《民风》，上海的《前途半月刊》，湖南的《破坏》、《光明》、《洞庭波》，四川的《半月刊》，天津的《新生命》，武汉的《鸡鸣》，南洋的《人言周刊》等刊物。同时，有些进步团体所办的刊物也由于有无政府主义者参加而受到影响。如《北京大学学生周刊》、上海《时事新报》副刊《学灯》及

《浙江新闻》、《五七月刊》等都刊有无政府主义者的文章。它在理论上攻击马克思主义，迷惑革命群众，在实践上破坏工人运动，分裂革命队伍，危害中国革命。马克思主义者对其理论的反动本质进行了揭露，在组织上则把无政府主义者清除出共产主义小组。无政府主义队伍发生剧烈分化，从此走上穷途末路。

 无政府主义的三大流派

无政府主义传入中国以后，几经演变，到五四时期形成了各种不同的理论流派，其中最主要的即无政府共产主义派、无政府个人主义派和无政府工团主义派。

第一，无政府共产主义派。

无政府共产主义派是当时影响最大的一个派别，北京的"实社"和"进化社"可算是此派的主要代表。"实社"成立于1917年，出版不定期刊物《自由录》，于1919年与"民声社"、"平社"和"群社"合并为"进化社"，出版刊物《进化》，主要成员为黄凌霜、区声白等。这一派无政府主义者把自己的理想社会描绘成为"没有强权"，"自发地建立起来的以完全的自治权力为基础的社会"。这个社会"与政治上没有任何权威相适应，经济上实行一切财富——包括生产资料的共产制"。他们继承了师复的衣钵，搬用克鲁泡特金的《互助论》解释自然和社会发展的规律，说社会的发展是社会各个机体（个人）"协助生存的结

果"，社会发展的动力是"互助"。《互助论》是中国无政府共产主义的重要理论武器，是他们的历史观、人生观和伦理观的集中表现。反映在国家问题上，他们认为互相辅助是人类的本性，只有极少数人由于自己的私欲违背这一本性，蔑视多数人的意志，才制造出法律、国家和权利来。而任何形式、任何国家内容的政治权利，不论其用意如何良善，"它总是妨碍革命，不使革命更前进一步的"。结论是包括无产阶级专政在内的一切国家都是"无产阶级革命的头号敌人"，都在反对之列。

无政府共产主义者认为，消灭国家最好的方法不是阶级斗争，也不是政治革命，而是"介绍科学之真理，传播人道主义"，"以教育言论劝其感化，求大多数之同智同德"，从精神上去感化剥削阶级及其政府。这不过是与虎谋皮。偏激的理想和和平的手段，暴露出他们反对马克思主义基本原则和维护现存黑暗制度的实质。

无政府共产主义派在阐述他们的主张时总是把它与"科学"相联系。黄凌霜说"吾人所鼓吹无政府主义，绝非感情的调调，无政府正当之真理，实来自真理之科学。近来社会革命风潮之膨胀，亦实与科学同进。科学所求者发明公理，革命之所图者实行公理"，认为只有信奉"科学"，才能解决人生问题，才能够坚持主义并为之奋斗。他们接过师复的理论，把托尔斯泰的"泛劳动主义"与"无抵抗主义"及中国的封建糟粕糅合成为"不饮酒、不食肉、不坐人力车"等生活准则，以标榜他们一伙是独树一隅的社会新人。

第二，无政府个人主义派。

中国的无政府个人主义派以"奋斗社"为代表。"奋斗社"成立于1920年，主要成员有易家钺、郭梦良、朱谦之等。他们用"奋斗主义"的旗号蛊惑人心。这种"奋斗主义"，不仅把施蒂纳的哲学当作奋斗的哲学，而且崇尚柏格森的"生命哲学"，以及中国老庄的"虚无主义"，并且还捡来现代资产阶级唯心主义哲学家的一切破烂来为他们的奋斗主义装饰门面。

如前所述，施蒂纳是无政府个人主义理论的始祖，他把"自我"作为研究问题的出发点，鼓吹极端的个人主义。他认为世界上"除了其需要、欲求和意志的个人而外……什么也不存在"，"我自己的事业就是我自己"，"对我来说，没有任何东西在我之上"。他认为人应当是绝对自由的，这种自由是"至高无上的"，要求无限制地享有自由和发挥"自我"。中国的无政府个人主义者接过施蒂纳的理论，并且掺和柏格森的"生命哲学"的"创造进化论"，鼓吹"人类的社会是由一层一层进化而来的"，没有奋斗就没有进化。"越能创造的人，越能奋斗，越能奋斗的人，越能创造。奋斗的结果就是创造，创造的结果就是进化"。他们把人类社会的发展和人生理解成个人主义和主观主义的奋斗过程。

无政府个人主义派还根据施蒂纳"要打倒一切不是我自己的事业的东西"的口号公开"宣布对任何国家甚至对民主国家进行殊死的战斗"，只讲破坏，不讲建设，反对任何国家，当然也就反对无产阶级专政的社会主义国家。

无政府个人主义派认为："真正的革命，只是抵抗，只是暴动，抗税哪！罢工哪！爆烈弹啦！武力威吓啦！这些都是革命的福音，这些都是革命的惟一能事。"也就是说，"恐怖"、"暗杀"是他们的手段。在五四时期，就是这种奋斗主义，给反动政府制造了镇压的借口，给有的地方的工人运动带来了不可弥补的损失。

无政府个人主义派还用柏格森的"直觉论"和"活力论"来反对"科学"，割裂科学和哲学的关系。他们认为科学和革命没有直接的联系，革命和科学处于对立的不可调和的地位。科学是智识的，革命是本能的；科学是静止的，革命是活泼的；科学是必然的，革命是意志自由的。在《奋斗》第六号上有人宣称："我反对科学的最大原因，是因为科学的精神还够不上革命程度。"由于科学方法"在底子里和革命的理想相冲突，所以要主张革命，就不免对不住科学了"。

无政府个人主义主张破坏一切。为了达到所谓的绝对自由，他们坚决反对在中国实行任何民主革命。他们对待祖国的文化遗产或西欧资本主义的文明，都采取了否定一切的虚无主义态度。在他们看来，"破坏是何等痛快，何等进取？建设是何等造作，何等保守"。他们和其他无政府主义派别一样，对国家极端仇视，把国家列入破坏之首，宣称凡是"人类自取灭亡的那种制度、典章、文化、风俗"，都是破坏的对象，而平等向上就是破坏的目的。他们仇视封建主义便主张消灭封建社会内产生的一切文明；仇视资本主义制度亦主张消灭由资本主义制度所造成的物质文明和精神文明；理想的世界等于世界的毁灭。他们的这种破坏一切、砸碎一切的思想同样给中国人民的革命和建设事业带来了很大的危害。

无政府个人主义十分仇视马克思主义。他们极力反对列宁领导的俄国十月革命，说十月革命建立的国家是消灭了小资本家个人而成立了"大资本家——国家"，咒骂布尔什维克是"专制魔王"，说布尔什维克"抹煞个人"，"滥用强权"，搞"独裁专制"，破坏人的自由。完全暴露出他们维护私有制、反对无产阶级专政的反动本质。

第三，无政府工团主义派。

无政府工团主义本来是欧洲工人运动中的小资产阶级机会主义派别，19世纪末在法国传播。20世纪初流行于法国、意大利、西班牙等地，主要代表是法国的索列尔和拉加德尔。他们把工会与政党对立起来，认为工人阶级不必有自己的政党，党的活动是有害的，工会（即工团）才是团结和领导工人的唯一的组织形式；认为工会高于一切和领导一切，宣扬与各地工会在经济上的联合来代替国家机构，反对政治斗争，否认无产阶级革命和无产阶级专政的必要性；认为经济罢工是消灭资本主义的唯一办法。主张采取所谓"社会总同盟罢工"的策略，实行罢工、怠工、抵制、示威，甚至毁坏机器，极力把工人阶级的一切斗争引导到提高工资、缩短劳动时间等经济要求上去。很显然，这些主张对工人运动是十分有害的。因此，列宁曾明确指出："无政府工团主义是机会主义的同胞兄弟。"

这种无政府工团主义于20世纪初通过《新世纪》传入中国。《新世纪》的"万国革命风潮"栏内，曾刊载不少反映欧洲无政府工团主义者们活动的情况，并介绍了一些无政府工团主义的主张。五四运动前后，无政府工团主义发展到高峰，一些无政府主义者频繁活动于工人中间，他们组织工会，创办刊物，开办平民学校，向工人灌输工团主义意识，形成了五四时期较有影响的无政府主义的重要流派。

五四时期宣传无政府工团主义的主要团体是"工余社"、"互助社"、"民声社"。"民声社"于1918年出版了《工人宝鉴》，"工余社"和"互助社"于1923年分别出版了《工余》和《互助》。另外，广州的《劳动》、《光明》，加拿大的华人刊物《明星》等也宣传无政府工团主义。郑佩纲、李卓、晓星等人是此派别的主要代表人物。他们反对政治斗争，鼓吹工会高于一切和管理一切，幻想以各地工会在经济上的联合来代替国家机构。该派别最大的特点就是反对共产党领导工人运动，反对无产阶级革命和无产阶级专政，以纯粹的经济斗争作为自己的指导思想，把"一切生产机关自资本家手中取回"作为最终目的。因此，他们认为无产阶级无需夺取政权，只要夺回一切"生产机关"，这样便达到了自己的目的。他们还主张"直接行动"即"社会的总同盟罢工及其非军备运动"。这种

"总同盟罢工"是"经济的总罢工",而不是无产阶级夺取政权的政治罢工。他们认为"舍经济革命外,无他法门"。他们攻击马克思主义的政治斗争"不外是争权夺利",吹嘘他们的方法是第一流的革命方法,"劝说"布尔什维克、基尔特社会主义者、合作主义者和议会派放弃自己的思想,参加他们的"斗争",竭力和马克思主义争夺群众。

综上所述,无政府主义各派在关于社会发展的动力、达到目的的手段、对待"科学"的态度等问题上不尽相同。但他们在否定一切国家,反对无产阶级政党的领导,反对阶级斗争,反对无产阶级革命和无产阶级专政,即在反对马克思主义基本原则上都是一致的。

 马克思主义反对无政府主义的斗争

无政府主义作为一种"新思潮",在中国的传播时间,较之马克思主义要早十余年。在其早期,曾经在中国这个半殖民地、半封建的特殊土壤上起过一点进步作用,有过一定的影响。

十月革命以后,无政府主义者着眼于扩大自己的影响,把十月革命鼓吹为"无政府、废私产、废宗教……"的革命,把十月革命的胜利宣扬为无政府主义的胜利。不管这种宣传在实际上多么荒唐,但对当时非常渴望了解苏维埃共和国各方面情况的人们,毕

竟带来了一些新的气息，吸引了一部分青年知识分子。五四运动爆发以后，一些无政府主义者打着社会主义的旗号，以"最激进"的姿态，参加了五四运动，对卖国政府作了一些揭露，对封建伦理道德进行了一些抨击，对人民群众的疾苦表示了某种程度的同情，而且宣称要消灭国家、消灭权力、建立自由的理想社会等等。这对当时的反动当局无疑也是一种冲击，所以，无政府主义的团体和刊物，也遭到了帝国主义在中国的走狗的取缔和查禁。在这种情况下，具有初步共产主义思想的知识分子，他们曾经和无政府主义者"合作过一个短的时期"，一起组织过团体，办过刊物，发动过工人的示威游行。据现有的材料所知，1920年5月，在上海成立的"社会主义者同盟"是马克思主义者与无政府主义者共同组织的。无政府主义者袁振英、蔚克水、郑佩纲都参加了这个组织。属于"同盟"的"又新印刷所"，既印刷共产主义者办的《新青年》、《共产党》，又印刷无政府主义者办的《自由》等刊物。1920年8月，北京的共产主义小组成立时，黄凌霜等5个无政府主义者也参加了。为了推动工人运动，共产主义小组主办的《劳动者》、《劳动音》、《劳动界》等刊物，都有无政府主义者撰稿。1921年5月，广东的共产主义者及其他进步人士，也曾共同发动过各行业工人罢工、示威游行。此外，李大钊领导的"马克思主义研究会"以及他参加活动的"少年中国学会"，袁玉冰领导的南昌改造社，以及各地的社会主义青年团，都有无政府主义者和受无政府主义影响较深的人参加。

随着革命实践活动的深入，无政府主义对中国革命的消极作用及其破坏性日益暴露出来。

1920年底，共产主义知识分子酝酿组织统一的无产阶级政党——中国共产党，拟定了党的初步纲领，规定了党的性质、最终目的以及达到这个目的的手段。无政府主义者猛烈地加以反对。广州的无政府主义者区声白等首先退出了广东共产主义小组，并在《广州晨报》、《广州群报》、《民声》等刊物上公开发表攻击马克思主义和无产阶级专政的文章。接着各地共产主义小组中的无政府主义者也纷纷退出，并向马克思主义发动了猖狂的进攻。

为了回击无政府主义的进攻，共产主义者以《新青年》、《共产党》、《民国日报》副刊等为阵地，对无政府主义理论进行了深刻的批判。

第一，批判了无政府主义的国家观，揭露了它的反动实质，划清了马克思主义国家观与无政府主义国家观的界限。

"立即消灭国家"，这是无政府主义者从反对一切强权出发提出的最惑人的政治主张，并成为无政府主义者"反对任何形式而具强力的国家，反对资本主义国家，军国主义国家，有产阶级国家和劳工专政国家"的一种依据。

这种否定一切国家的观点，源于对国家起源、作用的无知。无政府主义所指责的，是包括无产阶级专政在内的一切国家政权。他们对无产阶级专政国家苏联极尽攻击谩骂之能事,说什么苏维埃政权是"小资本家——个人——没有完全打消,大资本家——国家——反而完全成立"。苏维埃国家政权"干涉婚姻、教育、言论及出版,束缚人民自由"。"除了共产党人外,一切的出版、集会都不能自由,而俄国的工人、农人之痛苦,何尝减于资本主义制度之下"。总之,在无政府主义者看来,国家不是人类社会发展的必然产物,而是"枭悍者"臆想的产物,因此,它是绝对坏的东西,应当立即废除。

针对以上谬论,马克思主义者作了深刻的分析,指出:"国家是一定发展阶段之中社会的一个产物,是阶级的冲突和经济利益不和协的证据","是一阶级压迫一阶级的机关"。"我们的最终目的,也是没有国家。不过,我们在没有消灭阶级以前,却极力主张要国家。而且是主张要强有力的无产阶级专政国家。阶级一天天趋于消灭,国家也就一天天失去效用。我们的目的,并不是拿国家建树无产阶级的特权,是要拿国家撤废一切阶级的"。这样,就鲜明地阐述了国家是阶级斗争的产物,国家的消亡是以阶级的消灭为前提的这一马克思主义的基本原理。马克思主义者对国家的阶级性及其职能进行了辩证的分析,指出"有掠夺的国家,官僚的政治,保护资本家财产私有的法律",也有"反对掠夺的国家,排除官僚的政治,废止资本家财产私有的法律"。前一种国家只是维护少数剥削阶级利益,是少数人用来压迫多数人的工具;而后一种国家,是多数人对少数人专政的工具。对于后一种国家,我们在一定的历史阶段不仅不反对,而且必须加以巩固。从而明确地阐明了马克思主义者关于国家政权,特别是无产阶级专政政权的正确的立场和态度,否定了无政府主义者在这些问题上散布的荒谬观点。

在驳斥了无政府主义者关于国家问题和无产阶级专政问题的一系列谬论后,马克思主义者尖锐地揭露了这些谬论的实质就是维护资产阶级和一切剥削阶级的利益,指出:"资产阶级并不怕人提倡什么绝对自由、绝对平等的社会那种抽象的思想。他们所害怕的,还是那种最有力的具体的即时可以实现的社会主义制度"。"资产阶级所欢迎的,不是劳动阶级要国家政权法律,是无产阶级不要国家政权法律。……若劳动阶级自己宣言永远不要国家、不要政权,资产阶级自然不胜感谢之至。你看全世界的国家对于布尔什维克的防御、压迫、恐怖,比他们对于无政府党厉害得多,就是这个缘故"。这就把无政府主义的反动面目彻底地暴露在人民面前,帮助人民透过无政府主义者们激进的言词,认清了其维护反动统治继续统治下去的反动实质。

第二,批驳了无政府主义关于社会发展动力和革命手段的谬论,强调阶级斗争是阶级社会发展的动力。

无政府主义各派对社会发展动力的见解和革命手段的主张各执一端。无政府共产主义派认为,社会发展的动力是人类"互助",他们主张,消灭国家最好的办法不是阶级斗争,也不是政治斗争,而是介绍科学真理,传播人道主义,"以教育言论劝其感化,求大多数之同智同德"。无政府个人主义认为社会发展凭借个人的主观奋斗,人类社会发展的过程就是个人奋斗的过程,"没有奋斗就没有进化"。无政府工团主义则认为,社会发展动力是"经济总同盟罢工",因而认定,要改造社会,"舍经济革命外,无它法门"。尽管无政府主义者们的主张各不相同,但有一个根本的共同点:否认阶级斗争是阶级社会前进的动力,反对无产阶级夺取政权的革命斗争。

马克思主义者以现实生活中阶级对立的大量事实,驳斥了无政府主义"人类互助"、"个人奋斗","总同盟罢工"的谬论。首先,他们指出被剥削阶级与剥削阶级之间,没有什么"互助可言",他们之间的利益根本对立,矛盾无法调和。解决这一矛盾的唯一手段,就是革命的阶级斗争。"除阶级战争外,都是枝枝节节的问题"。无政府主义者们企图利用"教育感化"来唤起剥削阶级的"仁慈",这只不过是异想天开。"在有产制度下的教育,无论依靠政府不依靠政府,全体,至少有百分之九十九有意或无意维持资产阶级的势力及习惯,想在这种情况下实行善良教育,而且是普遍的,我想无人能够相信"。这种主张,只能维护剥削阶级的利益,于劳动人民无任何好处。因为劳动人民要翻身解放,"非用阶级战争的手段来改造社会制度不可","若是不主张用强力,不主张用阶级战争……便再过一万年,那被压迫的劳动阶级也没有翻身的机会"。"难怪有人说无政府党是资产阶级的好朋友"。其次,马克思主义者还阐述了无产阶级革命斗争是整个阶级的一致行动。离开整个阶级的一致行动，想凭借少数人的"个人奋斗"，实行暗杀暴动，"要想由此得到革命成功，那便是梦想了"。因为在阶级的对垒中敌对阶级的个别人即使被杀，敌对阶级可以立即推选出新的代理人，并动用他们手中掌握的全部武装（军队、警察、监狱），对革命者进行疯狂的镇压，使革命力量遭到惨重的损失。最后，关于"经济的总同盟工"，马克思主义者深刻地指出："其目的只在减少劳动时间，增加工资。"它至多只能使工人争得较好的条件出卖自己的劳动力，而不能根本废除资本主义制度，同时，由各地方全体劳动阶级举行总同盟罢工，推而至于全国劳动阶级举行总同盟罢工，再推而至于全世界的劳动阶级举行总同盟罢工，到这时候，全世界的资产阶级都要铲除了，也只不过是一种幻想。因为各地方的经济政治条件不一样，革命成熟的程度不一样，在这种基础上要举行罢工，"非同时能办到的"，无产阶级要获得经济政治解放，"决不能把此当作社会革命的手段"。马克思主义者对无政府主义的社会发展动力说，特别是对其关于革命手段主张的揭露和批判，可以帮助人民更深刻地认识斗争现实，并走上正确的革命道路。

第三，批判了无政府主义反对建立无产阶级政党，反对制定严格的组织纪律的主张，阐明了创建无产阶级政党和加强党的组织纪律的极端重要性。

无政府主义者认为，政党是"党魁们为了利用多数党员之声势，制造党魁之名誉，以为他日禄位之阶梯"，攻击无产阶级政党的集中统一领导是"党魁"将自己的意志强加在别人身上；组织纪律束缚个人的意志自由。刘师复曾说："无政府党极端反对管理代表等权，而主张绝对自由者也。……各国之无政府党，大抵只有自由聚集之场所，而无全体固定之机关，其性质不过如俱乐部，其作用则传播聚集而已，其聚合亦完全自由，无一切手续。……无政府党员之行事皆自由独立，不受指挥，不俟全体之决议。"继承他的衣钵的无政府主义者发挥了这一思想，在五四之后，拼命反对建立中国共产党，认为"无此必要"，反对建立严格的组织纪律，说"一有'规则'就没有自由"，"只有人人同意，个个赞成，才算真正的'自由'，赞成的既不能强迫反对的一定做去，反对的也不能阻止赞成的执行，这岂不是自由吗？"

马克思主义者针锋相对，阐述了建立无产阶级政党的必要性。他们指出：要推翻一种具有久远历史、根深蒂固的社会制度，必须进行一场深刻的革命。"要干这种事业，必须要具有一种能够作战的新势力方能办得到的"。中国那些只顾鼠窃狗偷的各派旧政党不行，西方那种敷衍现状的议会派不行，唯一可走的一条路，就是建立一个用马克思主义武装的，不但"主张破坏，而且有建设方法的共产党"。因为她是革命运动的发起者、宣传者、先锋队、作战部，以中国现有的情形看来，须先组织她，然后工团、合作社，才能发生有效的作用，革命运动，劳动运动，才有神经中枢。他们还用俄国十月革命胜利的经验来佐证建党的重要："英美资本制度，比俄国要发达十数倍，英美两国的工会，比俄国要发达数十倍，何以社会革命不在英美两国发生，反在俄国出现呢？这就是因为俄国社会革命党实行的力量比英美两国大的缘故。"因此，只有马列主义政党——共产党，能"用光明正大的态度出来，硬起铁肩，担当这改造政党、改造中国、改造政治的大责任"。他们还就斗争的需要强调了建立严格的组织纪律的重要性，指出：如果像无政府主义者那样，人民就会组织涣散，意志消沉，陷入无力的境地，进不足以战胜敌人推翻资本主义制度，退不足以保存自己的利益而易为敌人"各个击破"，从而使任何改造社会的美好理想都只是纸上谈兵。

第四，批判了无政府主义关于生产和分配的经济理论，阐明了无产阶级夺取政权后只能实行"有计划的生产"和"按劳分配"的原则。

无政府主义者幻想在推翻了剥削阶级国家之后，在不建立任何权力形式的前提下实现"生产的自由化"。他们把极其复杂的社会生产，用极其简单的方法加以处理，即在剥夺了剥削阶级的权力之后，立即把生产资料交给每个能够从事生产的人，"委诸自由人的自由联合管理"。这种生产是不需要调节的，也就是无计划的，而且取消了生产与消费之间的十分重要的流通过程。

产品的分配，照无政府主义者看是"依公道的法则"。这个法则就是平均分配，或曰"按需分配"。他们认定，如果实现按劳分配，就会产生富有的特权阶级，恢复不平等。

马克思主义者指出：共产主义的生产组织是集中的。"无政府主义的生产组织有一个最大的缺陷，即是不能使生产保持均平。要使各地各职业的生产力保持均平，无论如何，非依赖中央的权力不可"。如果按照无政府主义的方式去做，生产必然和资本主义社会的生产无政府状态一样，其结果是小团体绝对自由，则生产额可以随意增减，有时社会需用多而生产少，有时需用少而生产多，因为"没有统一机关用强力去干涉调节，发生生产过剩或不足的弊端，是必然的"，"无政府主义派主张的生产组织与资本主义的生产组织差不多"。

在产品分配问题上，立即实行"各尽所能各取所需"也是不能实现的，这种理想"非待世界的产业发达到极境的时候不能办到"。因为新社会都是在继承旧社会的生产力继续发展的，这样的生产力是有一定的限制的，生产力既有限制，生产物当然也有限制，"以这有限制的生产，听各人消费的自由得其平等，是绝对办不到的"。"在生产力未发达的时期，运用这种分配制，社会的经济的秩序就要弄糟了"。

第五，批判了无政府主义的理论核心——极端个人主义，指出极端个人主义与共产主义的集体主义原则是根本不相容的。

极端个人主义是无政府主义思想、言论、行为的基础。最早宣传无政府主义的刘师培说："宇宙之间，无境非幻，幻境者，生于吾心之意识者也。""凡作一事，施一议，均可任情自发，不当授旨他人。"五四时期无政府主义的著名代表朱谦之说："革命的真谛由于心的要求。"对于无政府主义者来说，除了自我，其他都不存在。黄凌霜宣称："无政府主义以个人主义为万能，因而为极端'自由主义'，所以，无政府主义乃个人主义的好朋友。"

马克思主义者对这种极端个人主义的思想基础也进行了揭露和批判，指出："共产主义也好，团体主义也好，都不能成为无政府主义。……能够成为无政府主义的，只有个人主义。"这种主义与共产主义的集体原则是根本不相容的。因为一方面，只有个人的心的要求，而无为整个无产阶级革命事业而奋斗的精神，一当"心的要求"满足，便什么勾当都可以干得出来。刘师培投降清政府，充当两江总督端方的暗探；"吴稚晖之流成为北洋军阀走狗"，就是特别典型的例证。另一方面，所谓个人，本来是社会中的一分子，社会离开了个人，固然无所谓社会；而离开了社会，亦无所谓个人。如果一个人自有生以来，即离开社会，"完全自度一种孤立而岑寂的生活，那个人断没有一点自由可以选择"。所以离开集体主义来谈个人"心的满足"，来谈自由，绝对不能有真正的自由。马克思主义者还揭露了无政府主义主张的自相矛盾———一方面主张个人绝对自由，另一方面主张联合、协作；指出："要绝对自由就不能联合，要联合就不能绝对自由，因为联合无论大小，都要有一部分人牺牲自己的意见，才能维持得比较长一点。"如果固执个人或小团体的绝对自由，随心所欲，自由退出，自由加入，乃是"一堆散沙"。这种状况决不能"到达理想社会境界的"。

马克思主义者对无政府主义理论的揭露和批判，使无政府主义的荒谬性和反动性彻底暴露，从而使越来越多的人民群众认识到无政府主义的真相及其对革命斗争的反动作用。一些无政府主义者在其信奉的理论濒于破产的时候，企图用历史的亡灵为自己打气，他们搬出孔孟之道来证明无政府主义理论合于先人的主张。影响最大的无政府主义刊物《学汇》曾连载老梅的《无政府和孔子》一文，从阐述孔子的"无政府"思想入手，来证明无政府主义不是没有依据的。无政府主义者们从早期的反孔到1924年后的尊孔，是他们脱离中国革命实际，逆历史潮流而动的必然归宿，同样也有力地证明了无政府主义理论的荒谬性和反动性。

 **无政府主义派的分化**

马克思主义与无政府主义的论战，以马克思主义的胜利而告终。无政府主义队伍迅速分化瓦解。从这里可窥见一种信息，即无政府主义在科学社会主义面前是注定要失败的。

无政府主义团体的分化瓦解，其过程是非常复杂的。无政府主义理论本身，特别是关于组织形式的指导思想，决定了无政府主义在中国从来没有建立过一个坚强的团体，总是时聚时散，其成员时进时出。因此，无政府主义团体从出现之日起，其分化和组合，就是变化无常的。

　　这里探讨的无政府主义团体的分化瓦解，与无政府主义本身组织的松散引起的经常的流动既有联系，但更有质的不同。它是在马克思主义对无政府主义进行了深刻的批判、无政府主义在变革现实的实践中已被证明"此路不通"之后，而产生的一种信仰崩溃。这是一次根本性的动摇。这次根本性的分化瓦解成为中国无政府主义最后破产的直接动因。正是它使得顽固坚持无政府主义立场的极少数中坚分子捉襟见肘，只得顾影自怜，向隅而泣，最后终于公开放弃他们信仰的"主义"，宣告无政府主义破产。

　　无政府主义团体的分化瓦解，大致有以下几种情形。

　　大量先进的知识分子，曾一度把无政府主义作为改造中国的灵丹妙药，当马克思主义传入中国并在革命实践中日益闪耀真理的光辉；当无政府主义者疯狂向马克思主义进攻并恶毒攻击苏维埃政权的时候，他们认清了无政府主义的反动本质，从而抛弃了无政府主义，坚定地走了马克思主义的道路。如吴玉章，他在1919年阅读了有关马列主义的书籍后，结合自己的切身体验，"解决了多年来未解决的几个关于中国革命的问题，认识到布尔什维克关于打碎旧的国家机器，代以新的国家机器的主张，是治疗中国官僚痼疾的圣药；布尔什维克主义以革命职业来组织坚强战斗的无产阶级政党，改造旧社会，建立新社会的主张是最切实、最有前途的道路；无政府主义不要组织，是不可能收到效果的"，从而转变成为马克思主义者。彭湃最初也信仰无政府主义，他曾说："我从前是深信无政府主义的，两年前才对马氏发生信仰。"1921年1月，他写的《劳动者同情会缘起》一文，还带有克鲁泡特金《互助论》的印记，他所主持的"社会主义研究会"和"劳动者同情会"，在讨论社会主义时，也曾出现一些要求"破坏一切"的无政府主义观点。但他是一个追求真理的战士，在接触马克思主义后，结合自身的革命实践体验，不断抛弃谬误，吸收新的养料，到了1921年9月，他执笔写的发表在《新海丰》创刊号上的《告同胞书》，即标志着他已彻底摆脱了无政府主义的影响，转变成为马克思主义者。陈延年和陈乔年兄弟，最初也认为无政府主义最革命、最彻底、最进步，曾是"笃信无政府主义的狂热信徒"，在法国勤工俭学时，他们接受了马克思主义，才抛弃了无政府主义，成为中国共产党的优秀党员。施存统、施洋、恽代英、李震瀛等，也是在接触了马克思主义，并实地考察了劳动人民的生活状况和研究了改善劳工地位的问题以后，认识到无政府主义不能真正解放劳动阶级，从而"坚信马克思的科学社会主义——即共产主义才能使人类获得彻底解放"，成为早期工人运动杰出的活动家。

也有一批曾经朦胧地（亦是异常热情地）聚集在无政府主义周围的进步青年，经过马克思主义的教育和帮助，明晓了真理，摆脱了无政府主义的影响，成为马克思主义者。如湖南省劳工会中的黄爱、庞人铨等曾深信无政府主义,毛泽东对他们进行了耐心的帮助和教育,鼓励他们在马列主义原则指导下从事工人运动,反对军阀赵恒惕,同时批评了他们没有严格组织、没有远大政治目的的工人运动方针。1921年秋,毛泽东还和他们一起到安源,实地了解工人的情况,后来又特别指定个别同志同黄、庞经常联系。黄、庞二人在毛泽东的教育下,于1921年参加了社会主义青年团。黄、庞于1922年1月因发动长沙第一纱厂罢工,为军阀赵恒惕所杀害,他们是中国工运中最早的牺牲者。"劳工会"组织中的任树德,在毛泽东的帮助下,也脱离了无政府主义的影响,参加了中国共产党。北京共产主义小组的何孟雄,曾极端赞成无政府主义,李大钊会同小组的一些成员对他进行了耐心的帮助,并同他多次学习讨论,使其明辨是非,转变了立场,并在转变后,为党做了大量的工作,成为京绥铁路工会的领导者,还担任过中共江苏省委书记,1931年2月牺牲。无政府主义者、北大地质系学生高尚德,经过李大钊、邓中夏的帮助,抛弃了无政府主义,参加了"马克思主义研究会",后来加入了中国共产党,并担任过社会主义青年团北京地区负责人。正如一个无政府主义信奉者转变成为马克思主义者以后所说:"一个迷途的人,忽然前面出现了一条大道而且是捷径,还有'舍而不由'的道理吗?""要达到共产主义,非走无产阶级革命的道路不可"。

另一部分人,则由狂热转为颓唐,逃离了革命斗争。这些人当初赞同无政府主义,是为了追求"虚无"

色彩的"个性解放",小资产阶级的极端个人主义是他们行为的根本出发点,朱谦之可算这部分人的代表。由于破产的小资产阶级的社会地位所决定,他信仰无政府主义,走上了否定一切、破坏一切的虚无主义道路,宣称要"以无政府主义为手段,而以虚无主义为目的","革命革到人类绝种为止"。当这种脱离实际的虚无主义理论在社会实践中被碰得枝断叶落的时候,他马上走上另一个极端,灰心丧气,削发为僧,隐居庙宇。还有无政府主义者鲁哀鸣、林君复等人,在大革命失败后,也去投神拜佛,做了隐士,从此再不问"革命"之事了。

还有一些人,则干脆向帝国主义和中国的反动势力摇尾乞怜,堕落成为反动派的帮凶和走狗。他们最初鼓吹无政府主义,并不是真心实意地要干革命,而只不过是打出旗号,欺世盗名,进行政治投机。最早的无政府主义传播者吴稚晖之流便是这类人物。吴稚晖在1903年《苏报》案事件中就曾向清政府告密,出卖革命家章太炎,后到欧洲摇身一变,竟成了无政府主义的笃信者。辛亥革命后,他一面在北洋军阀帐下混饭吃,一面空谈"科学",空谈无政府主义,并打着无政府主义旗号,提倡和举办勤工俭学等等,把自己装扮成"革命家"。但是,他在法国却又与中国驻法公使勾结法国政府,派军警镇压蔡和森领导的勤工俭学学生要求"吃饭权、生存权、工作权"的学生运动,造成"二八"(1921年2月28日)流血事件。经过这次斗争,吴稚晖等人的面目在群众面前彻底暴露。正如徐特立的回忆所说:"以往我和黄齐生先生及若飞同志,还以吴为圣人之流,因此我们不怀疑他。但这一次却使我们对圣人失望。"1927年四一二反革命政变后,吴稚晖便投入国民党右派集团的怀抱,做了国民党监察委员、中央政治部长,并高喊"清党",出谋"查办共产党人案",成为"助纣为虐"的刽子手。据袁振英回忆,陈延年、陈乔年兄弟,便是死于吴稚晖之手。张继1924年是孙中山"联俄联共扶助农工"三大政策的积极反对者,后来他又与谢持、邓泽如联名提出所谓"弹劾共产党",成为反动势力的鹰犬。曾为无政府主义声嘶力竭叫喊的区声白,事变后在广州社会局做官,抗日战争时期堕落成民族败类,当了汉奸。无政府共产主义的著名代表黄凌霜,1927年后成为国民党CC派的小头目。无政府个人主义者易家钺,以"新思潮"为招牌的华林,最后成了为国民党新军阀摇旗呐喊的无耻文人。有的无政府主义者专搞黄色工会,如李德轩、陈丙等,从事破坏工人运动的卑鄙勾当。有些无政府主义者,如湖南省劳工会的个别成员,在黄、庞被杀后,便向军阀自首,其中谌小岑、王光辉则受军阀政府收买,专门攻击中国共产党,离间中国共产党和工人群众的关系,五卅运动时,成为工贼。在严酷的斗争现实面前,无政府主义的中坚分子们"投身政党的也有,做议员的也有,拿干俸的也有","做海陆军监狱官的也有……形形色色,无奇不有"。

也有少部分人,在1927年后的一些时间里,仍然抱着无政府主义的旗帜不放,继续从事无政府主义宣传。但是,这些宣传已没有多大声势了。

八　大革命时期的无政府主义思潮

1921年至1923年间发生的早期马克思主义者与无政府主义者的论战，使五四时期兴盛一时的无政府主义思潮受到了一次致命的打击，濒临破产的境地。但是，无政府主义并未因此而绝迹。随着革命形势的发展，尤其是"国共统一战线"的建立和"国民革命"的爆发，无政府主义思潮也再度活跃。不过，从无政府主义的总体发展趋势来说，到了大革命时期，已经开始走下坡路了。此时期，无政府主义思潮有如下特点：①人员变换极大，老牌的无政府主义者如黄凌霜、区声白等绝大部分已离开无政府主义阵营，代之而起的是那些五四时期在外国留学时接受无政府主义的人；②活动领域大大缩小，仅限上海、南京、北京、福建、广东等大城市；③有影响的团体和刊物大大减少，仅剩民锋社、学汇社、自由人社、民众社、民钟社及新成立的革命周报社等团体和刊物；④无政府主义在理论观点上也发生了很大的变化，从反对国家、政府到赞成社会改良主义；⑤无政府主义骨干们受"国共合作"的启发,提出了"安国合作"的主张。所谓"安国合作",是指无政府主义与国民党合作。"安"是"安那其主义"的简称。"安那其"是西文无政府的音译。1927年4月12日,蒋介石叛变革命,形势骤然恶化。无政府主义队伍也随之再次分化。这一次分化是毁灭性的。无政府主义的中坚分子抛弃了仅有的一点反帝反封建的革命性,迅速投进蒋介石新军阀的怀抱,提出了"安国合作、共同反共"的政治口号,成为蒋介石屠杀共产党人镇压人民革命的帮凶。少数无政府主义者对蒋介石的残暴行为极为不满,他们痛斥蒋介石集团的滔天罪行,仍然坚持"纯粹的无政府主义"立场,在无政府主义的路途上微弱地呻吟,直至抗日战争爆发。

 大革命时期无政府主义的活动概述

大革命时期,无政府主义者们除了维持残存的团体和刊物外,也组织过一些新的团体,办过一些新刊物,不过,这些都是时隐时现,有的存在一二日,有的存在两三日,有的甚至根本就只是一则广告。影响较大的只有民锋社、民众社、民钟社、自由人社和革命周报社。

"民锋社"于1923年在南京成立,社址设在南京省立一中内。该社还用过"中国民锋社联盟"、"中国少年无政府共产主义者联盟"等名称。其机关刊物是

《民锋》杂志。《民锋》创刊于 1923 年 4 月，宗旨是介绍世界无政府主义名著，抨击反动的军阀政府。该刊共出版 3 卷。1923 年至 1926 年出第一卷共 10 期。1927 年出第二卷，1928 年出第三卷，由上海法租界启智印书局印刷，每期印数 5000 至 10000 册，除分送各大图书馆以外，兼搞零售，由光华书局、泰东书局发行。1928 年底被国民党取缔。《民锋》宣传的主要内容：第一，宣传克鲁泡特金的无政府共产主义。第二，攻击国民党统治和国民党提出的民族主义文学；也批判马克思主义理论尤其是无产阶级革命文学。第三，批判吴稚晖、李石曾、毕修勺的所谓"安国合作论"。第四，发表对于"国民革命"问题的看法。

"民锋社"所从事的活动主要是在各地从事无政府主义宣传，建立无政府主义的小型团体；翻译出版国外无政府主义者的论著诸如《无政府共产主义共产党宣言》、《失败了的俄国战争》、《萨樊事件》、《自由的女性》、《自由的基础》；与国际无政府主义者建立联系。"民锋社"先后与居住在美国的高德曼、法国的格拉佛、邵可侣以及 1927 年后在上海国立大学执教的日本人山鹿泰治、岩佑作太郎，美国旧金山的华工红钟时等建立了联系，就时论学理进行探讨。

"自由人社"1924 年成立于上海，主要成员有吴克刚（君毅）、毛一波（一波）、李少陵（三木）。主持者是沈仲九（笔名信爱、天心）。该社的机关刊物是《自由人》。《自由人》为月刊，1924 年 3 月 5 日在上海创刊，1925 年 10 月终刊。共出刊二卷八期。其中第一卷7期，第二卷1期。该刊的宗旨是"要自由"，"做自由人"。它在发刊词中宣布：历代相传下来的教主、帝王、官吏、军阀、政客、议员、资本家及一部分的智识阶级，都是"将自己的消费完全建筑在别人的劳力上"的"强者黠者"，这些人以外的平民都是"不自由的人"。这些"不自由的人"，只要"觉悟到自由，无政府便能实现"。《发刊词》所阐发的基本观点是：人生的全部意义及最宝贵的东西是"自由"，任何形式的政府都是"自由"的敌人；无政府主义是到达和获得"自由"的唯一济世良方；"自由"与"无政府"互为目的，互为手段，互相促进，同时实现。《自由人》所宣传的内容：一是一般无政府主义的说教。在这方面，它除去重弹过去的无政府主义老调之外，毫无新意可言；二是反苏反共，尤其是反对无产阶级专政；三是反对吴稚晖的"安国合作论"，反对国民党的三民主义，这个内容在《自由人》中占绝大部分篇幅。它是这一时期反对"安国合作"和反对国民革命的急先锋。

"民众社"于1925年在上海成立，发起人为真恒、健民、仲九、惠林、剑波等。主持者是卢剑波和卫惠林，其机关刊物是《民众》半月刊。《民众》的宗旨是宣传民众的学术、民众的教育、"站在民众中间"，实际上是向人民群众传播无政府主义。

"民钟社"于1922年在广东新会成立，发起人是黎健民等，其机关刊物为《民钟》杂志。《民钟》于1922年7月创刊，1927年7月终刊，持续5年之久，前后共出版一、二两卷23期,主编为黎健民、毕修勺,主要撰稿人有梁冰弦、三木等。该刊存在时间较长,影响较大。除刊登国外无政府主义者的重要论著之外,还刊登反苏反共的文章和无政府主义者们关于"改造社会"的论述。"民钟社"还出版有《赤俄丛书》三种;《大杉荣丛书》一种;《民钟丛书》四种;《克鲁泡特金全集》一、二、三卷;另出版翻译著作多种,如《无政府主义入门》、克鲁泡特金《国家论》、《无政府共产主义》;组织写作时论评著如《无政府主义与实际问题》、《无政府共产团纲领》等。该社是大革命时期无政府主义的重要据点之一。

"革命周报社"于1927年5月在上海成立。主持者是沈仲九,其成员有毕修勺等。其机关刊物是《革命周报》。《革命周报》创刊于1927年,终刊于1929年,由李石曾筹款资助,沈仲九、毕修勺负责编辑,共出100余期。这是一部分无政府主义者与国民党右派合流的产物。该社还出版有《革命小丛书》9种,如《李石曾最新革命论著初刊》、毕修勺《论无产阶级专政》、《分治合作问题讨论集》、景明著《用真凭实据证明陈公博辈是灰色共产党》等。

无政府主义者们还组织过其他一些活动。

他们成立了一些出版发行机构。1925年春,郑佩纲在上海成立"出版合作社",社址设在上海北四川路。据郑佩纲回忆说:这个出生社既印共产党的书籍,也印无政府主义的书籍。出版合作社开张那一天,第一次和读者见面的见面礼就是鲁迅的《呐喊》。共产党的机关报《向导》，无政府主义的《自由》都是由该出版社代销。后来该出版社又出版《师复文存》和《吴稚晖学术论著》。与此同时，上海无政府主义者办起了江湾书店、振兴书店等。1927年，毕修勺在李石曾的支持帮助下，网罗一批无政府主义者，在上海办起了"自由书店"，出版无政府主义书刊"自由丛书"十余种，如《克鲁泡特金学术概要》、《苏俄革命惨史》、《革命之路》、《革命之先驱》、《马克思主义的破产》等，还出版了《克鲁泡特金全集》、《地底下的俄罗斯》、《一个虚无主义者的再生》等。

无政府主义者们在部分地区举办工人夜校，利用"五一劳动节"组织工人示威游行，据说，1926年"五一"节，无政府主义者刘石心等筹款买了3万余个面包，上面贴有无政府主义的宣传单，在广州散发。宣传人人有食面包之自由，号召被压迫的人们起来争取生存权，主张不劳动者不得食。同年10月15日，广州无政府主义者同盟组织当地的世界语学者举行了"大规模"游行，纪念世界语创造者柴门荷甫博士67周岁寿辰。

无政府主义者还利用工会组织开展了一些活动。据李沛群回忆说，大革命时期，广州市工人组织分三大派系：第一派，广东总工会，是资本家组织的黄色工会，由资方代理人把持，领导人是黄焕庭（台山人），主力是茶居工会。第二派是广东机器工会，领导人是李德轩、朱敬、徐卓伊，是半行会式的买办阶级的工会，会员是各工厂的机器工人，该工会既有买办资产阶级参加，也有无政府主义者活动。李沛群还说：1922年至1923年我在大冲口渭文工厂做学徒时，师复也是无政府主义者。他把克鲁泡特金、巴枯宁等著的书籍给我看，又给我《工人无政府共产主义谈》、《无政府共产主义的针》、《好世界》、《春雷》、《人道》等书刊看，我是先受一些无政府主义的宣传影响的，后来才在党教育下接受马列主义。第三派是一个半独立派的酒楼茶居总工会。这个工会内挂有克鲁泡特金、巴枯宁、蒲鲁东、圣西门等人的大幅相片。无政府主义在南洋工人中的影响较大。大革命时期，全国机器总工会在国内只有广东福建设立了分会，而在南洋则有50个分会。

无政府主义者从事工人运动，主要是要破坏中国共产党对工人运动的领导，与共产党争夺工人群众。他们宣称："我们当使中国无产阶级脱离野心政党（指中国共产党——笔者注）的影响。"他们对马克思主义在工人中的传播和中国共产党对工人运动的领导嫉恨于怀，极尽中伤之能事。而他们所渲染的恰好是一种盲目的自发斗争，他们所反对的，恰好就是无产阶级领导的有组织的政治斗争。他们的终极目的，不过是想要工人阶级脱离自己的政党——中国共产党的领导，解除日益觉醒的工人的思想武装。

无政府主义者在农民中也有一些活动，如陈君冷在广东新会篁村，动员村里超龄的小学生组织了"火星社"，搞农民运动，还组织了农民协会，在1926年至1927年间，领导农民向当地大地主欧阳耀群进行过激烈的斗争。

无政府主义在理论上的新变化

1923年,无政府主义以其理论的荒谬性暴露于群众面前时,无政府主义者们似乎感觉到完善自己的理论体系的必要性。其中一部分人博览各种学说,不仅熟读克鲁泡特金的《面包略取》、《近代科学与无政府主义》,阿里滋的《科学的安那其主义》,而且还涉猎了马克思的《资本论》、《工资、劳动与资本》,列宁的《国家与革命》以及托洛茨基、布哈林、波格丹诺夫等人的著作,并借用历史唯物主义和剩余价值学说,企图给贫乏的安那其主义置换一个新的理论基石。这一时期,一些无政府主义者在无政府主义的理论上作了某些修正的努力。

第一,他们试图运用历史唯物主义理论,分析资本主义社会的基本矛盾及其在阶级关系上的表现,从而论证无政府主义不是空想的理论,而是科学的、可以实现的理论。有人说:"社会的经济关系是社会的基础,在这个基础上产生了相应的社会组织——社会制度以及政治法律宗教哲学等意识形态。人类进步、社会变迁的决定因素是经济因素,生产力决定生产关系,生产工具的改良、生产力的发展,导致生产关系的变革和社会秩序的变化。"很显然,在这个问题上,无政府主义者是借用了历史唯物主义关于生产力决定生产关系、经济基础决定上层建筑的原理。但是,无政府主义者都是形而上学主义者,他们看问题、解释问题往往都是片面的。就像他们早先强调教育感化、个人奋斗等对社会发展的作用而忽视经济发展的作用一样，在这里，他们只强调生产力对生产关系、经济基础对上层建筑的决定作用，避而不谈生产关系、上层建筑对生产力和经济基础的反作用。这就仍然没有脱离唯心主义的窠臼。

有人还试图运用历史唯物主义的基本原理来谈论无政府主义的科学性、阶级性、时代性和战斗性。《无政府共产主义与伦理》的作者认为，"无政府主义之理论，是由于'科学的'和'唯物的'思想所构成，而不是某一个无政府主义之伦理观念"。芾甘在《无政府主义的阶级性》一文中认定无政府主义是代表被压迫被掠夺的阶级的理论体系，"是革命的无产阶级的理想和观念学"。在各个时代，被压迫被掠夺阶级的反抗运动，都是无政府革命运动。他们还说，无政府主义具有鲜明的时代特征。"无政府主义的运动史只能从国际工人协会（第一国际）的时代算起"。只有在"资本主义的经济关系造成了无产阶级，资本主义的生产力与生产关系发生了冲突，若不改变生产关系，社会生产力就不能发展，只有在这个时候，无政府主义具有了实现的阶级力量和经济社会条件，才抛弃了空想因素而成为科学的、实际的和可能实现的"。

有人还强调阶级斗争在历史发展中的地位和作用。他们借取了历史唯物主义关于阶级斗争的论述，提出"人类的历史，或者社会的发展史，是两种社会阶级——掠夺阶级与被掠夺阶级不断的斗争史"。"阶级的产生和发展是物质生产发展的结果,阶级斗争的根源是各阶级之间经济利益的冲突"。随着经济的发展,剥削阶级与被剥削阶级的利益发生对抗,这种对抗发展到一定程度,社会革命就会爆发,先进的阶级取代落后的阶级,进步的社会制度取代落后的社会制度,是经济发展的必然产物,是经济利益对抗的阶级彼此斗争的必然结果。"古代奴隶制之破坏是这样;中世纪的封建制之破坏是这样;近代资本之未来的破坏亦必然是这样";阶级斗争是促进社会变革的重要手段。

鉴于他们对无政府主义的科学性、阶级性和时代性的认识,他们批评了传统派无政府主义的观点。

他们批评无政府个人主义理论完全注重在"我",忽略了群众,尤其忽略了劳动群众。说这种把个人的道德改良置于革命的首位,追求个人解放的无政府主义是违背科学的幻想。他们也反对把无政府革命看成是"心理革命"、"思想革命",他们认为革命的关键在改造现实社会制度,是要与现政府及其强权作战。就如法国革命一样,"如果当时法国的无政府主义者,也与现在的中国无政府党一样,只鼓吹心理上的革命,思想上的革命,而不去杀皇帝、烧监狱,对内不与旧党宣战,对外不与各国军队抵抗,现在我们的脑袋里,连无政府这个字恐怕还没有呢!"他们坚持认为无政府主义是近代社会主义运动的产物。反对那些复古倒退的中国无政府主义者。"中国人很多说老庄是无政府主义者,这是错误的。老庄的思想与近代无政府主义很少有相同的地方,而且在那样的时代决不会产生出近代无政府主义的思想来"。

第二,他们试图运用剩余价值学说,分析资本主义的商品经济、劳动力的商品化、剩余价值的被榨取、资本集中、工人阶级的贫困化以及无产阶级的历史地位和作用,从而得出资本主义必然灭亡,无政府主义必然胜利的结论。

揭露剩余价值的真正源泉,这是马克思的划时代的贡献。马克思透过掩盖资本主义剥削的一切假象,揭示了剩余价值的来源和资本主义生产的秘密,阐明了雇佣劳动和资本的真正关系,从而建立了科学的剩余价值学说。剩余价值学说是理解资本主义经济关系的一把钥匙,离开了它,就无法说明资本主义社会中的任何一个经济现象。正是依靠这一学说,马克思得出了资本主义必然灭亡,社会主义必然胜利的结论。这一学说,是无产阶级为争取自身解放而斗争的强大的理论武器,他指引无产阶级为推翻资本主义制度和建设社会主义制度而斗争。以往的无政府主义者,包括大革命前中国无政府主义的一个致命弱点,就是不能揭示资本主义剥削的秘密。尽管他们批判资本主义生产方式及其后果,咒骂它,幻想消灭它,但是,它不能说明这个生产方式,只能简单地把它当作坏东西抛弃掉。1923年以后,中国的无政府主义者,力图改变那种理论贫乏的状况,他们试图从经济学的角度,运用剩余价值学说,剖析资本主义生产方式的剥削实质。

他们在有的文章里解释了"资本"的本质含义,

似乎已经认识到了"资本体现着对雇佣劳动的剥削关系，是能够带来剩余价值的价值"。但是，他们却不能更深刻地分析这个"一定的关系"，竟然认为生活在荒岛上的鲁滨逊所使用的斧子和粮食也可谓资本。有的文章甚至认为，"尝考资本之来源，多由于文明祖传……"正因为见物不见人，不见人的社会关系，所以他们在分析中国国情时，其着眼点只放在人们财富的数量的多寡上，而无视雇佣劳动、剩余价值剥削这种本质关系。

第三，他们也试图运用阶级分析方法，分析当时各阶级在社会上所处的经济地位和政治地位，以及与之相适应的政治态度，来确定无政府革命的依靠力量和革命道路。

《民锋》刊载《革命中的知识阶级与无产阶级》一文，文中说："知识阶级"即"学者与学生"，不是无政府革命的依靠力量。"从唯物史观的立足点而判断'知识阶级'的阶级性，我们可以说学者和学生均是属于小资产阶级的，小资产阶级是不革命的，而且常是反革命者"。因为"他们在社会上的地位，不是直接受压迫者，所以他们感觉到没有革命的必要"。他们至多只是在革命的某个阶段，倾向于革命运动。

《民钟》登载《中国无政府团纲领草案》，对农民进行了分析，认为中国的农民，的确具有一定的革命性，但也不能成为革命的主力军。因为农民一般来说都有一些财产，属于小私有者，他们尽管受地主和反动势力的压迫，但不至于不能生存。这就决定了他们的革命态度和革命的程度。一方面,"他们是受地主和资本家压迫的被压迫者,对于无政府革命不致于反对与嫉视,可以成为革命工人的援助者",另一方面,"由于他们是小私有者,因此,又具有不彻底性和妥协性"。同时,中国当时的反革命势力无论是政治势力还是经济势力都集中在都市,革命的中心目标在城市,而不是在乡村,因而影响不到农民,农民的力量对城市革命来说并不重要,"若由乡村起了反动,打击都市,可绝为必无之事"。

他们对无产阶级在资本主义社会中所处的社会地位和经济地位作了具体的分析。认为无产阶级在资本主义制度下,是一无所有的劳动阶级。他们"为家庭的负担,自身的饥饿所迫,不得不出卖自己的劳动力,不得不忍气吞声受资本家的剥削",他们"除了拍卖自己的劳动力以外,是没有办法的,这是现代无产阶级的唯一出路"。资本家则利用购买劳动力这种特殊商品,使之同生产资料相结合,投入生产过程,榨取剩余价值。无产阶级虽然可以"自由"出卖自己的劳动力,不属于某一个资本家,但他却是整个资产阶级的奴隶,资产阶级为了榨取更多的剩余价值,总是一方面采用种种方法,加强对工人的剥削,力图把工人创造的剩余价值提高到最大限度,而把工人的个人消费降低到最低限度以下。无产阶级除了起来反抗资本剥削制度之外,没有别的出路。根据这些分析,他们得出了无产阶级是这个时代最富有革命性,最具有战斗力的阶级,无政府革命只有无产阶级的努力才能实现。

第四,这一时期的无政府主义者对无政府主义的革命手段也作了修正。

20世纪初年直至五四时期,无政府主义对其革命手段有各种说法,大致可归纳为"恐怖暗杀"、"教育感化"、"总同盟罢工"等。恐怖主义对辛亥革命前后的无政府主义有过相当大的影响。吴玉章曾描绘说当时形成了一股暗杀风潮。五四时期,无政府主义的书刊也曾不断宣传暗杀英雄和暗杀活动,说"无政府党人以杀害有特权者为义务"。大革命时期,无政府主义者认真总结了经验教训,许多人看到了单纯用暗杀方法,不能达到无政府革命的目的的结论。《民钟》1卷15期《杂感》的作者说:"无政府主义者所反对的是制度,而不在个人。制度不消灭,杀了个人也无用的。"《民钟》2卷6期《无政府主义与恐怖主义》一文的作者说:"我反对把无政府主义与恐怖主义连在一起,说恐怖主义是实现无政府主义的一个方法。无政府主义的实行只有靠有组织的群众运动,暗杀的行动对无政府主义没有多大好处。"他们还陈述了暗杀活动的种种弊端,指出它消耗了革命党的力量,分散了党的注意力,从而导致统治者更猛烈的压迫,这就不仅无助于主义的宣传,而且容易引起一般人对主义的厌恶。

但是,他们对恐怖主义的批评又显得苍白无力。因为他们不能从阶级根源和思想根源方面去分析它,而是从抽象的"正义、爱"的观点出发。他们不懂得这一斗争方式归根结底是与小资产阶级的革命狂热性和个人英雄主义联系在一起的。恐怖主义没有科学的世界观指导，他们认识不到真正的革命力量之所在，因而采取脱离群众的少数个人的冒险行为，从而必然给革命带来重大损失。他们尤其没有认识到，在无产阶级革命时期出现的某些恐怖主义者，其思想上的革命性已十分淡薄。这类游移颓废、意志薄弱的小资产阶级个人主义者，其致力于暗杀不是出于信仰革命，而是出于绝望的冒险心理。这是失常的知识分子或游民的心理状态，而不是无产者的心理状态，他们看不到这一点，因而也就不可能给个人恐怖主义手段及其局限性以彻底的否定。

 "安国合作"，共同反共

1924年，中国共产党与国民党合作，成立了革命的统一战线。统一战线的成立，推动了革命的蓬勃发展。吴稚晖等在此启发下，萌发了"安国合作"的念头，提出了"无政府党与国民党合作"的主张。1927年四一二反革命政变以后，这种主张又被溶进反共的内容，发展为"安国合作，共同反共"的理论。这一理论出台后，曾迷惑了不少迷茫的青年，起过国民党反动派的屠刀所无法起到的作用。

第一，吴稚晖与"安国合作论"。

所谓"安国合作"，就是无政府党与国民党的合作。这一主张是由老牌无政府主义倡导者吴稚晖首先提出来的。1924年，吴稚晖、张继、李石曾等先后加

入了国民党，并出任国民党要职。他们的这一举动，立即引起华林等无政府主义者的激烈反对，华林致书吴稚晖，对他们加入国民党的行为进行谴责。面对这种谴责，吴稚晖于1924年在《民国日报》上发表《致华林书》，正式提出"安国合作"的政治主张，并详细阐述了提出这一主张的具体理由：其一，无政府社会不是一下子就可以实现的，中间要经过若干阶段。国民党所实行的国民革命，是达到无政府社会的必经阶段，国民革命成功后，无政府革命自然就开始了。其二，无政府主义与国民党在未来社会主张上相异，但眼前利益相同即都反对北洋军阀政府。"无政府主义者应当先联合国民党，打倒北洋军阀，然后再致力于无政府革命"。其三，实现无政府革命，必须要有一定的物质基础，而一定的物质基础，是由一个强大的政府来创造的，国民党的政治革命可以制造一个强大的政府。"中国现在受了黄毛绿眼睛的机关枪所压迫，旦夕有亡国之痛，若要保住二十年内不亡国，则非帮助国民党来制造机关枪，打得洋人们向中国人来称兄道弟不可"。只有国家强大了，不再受外国侵略者的欺负了，然后才能实现无政府革命，否则就会流于空想。其四，从道义上说，无政府主义奉行敌强扶弱的原则。眼前国民党并不是个升官发财的党，而是一个被捉被拿的党，无政府党应当路见不平，拔刀相助。国共合作，共产党加入国民党就是这个道理。我们现在帮助国民党进行革命，等将来"吴佩孚逐走荷兰，国民党又升官发财了，我们再做昔日的刘师复、李石曾也不为迟"。其五，吴稚晖还回顾历史，说"安国合作"并不是现实的奇想，而是历史上已有过的事实。辛亥革命时期，"所有无政府党，没有一个不是革命党转变而成，没有一个无政府党，不乐意帮助国民党的"。

此后，吴稚晖又在许多文章和演说中宣传"安国合作"的思想。主张先进行民主革命，然后再行无政府革命。他在《三民主义为达到世界大同的途径》一文中说："现在我们要把中华民国弄好，然后再讲世界大同。"稍后，他又在《天下为公——孙中山的将来主义》一文中宣称：三民主义是第一步，"我帮忙目前贯彻三民主义，我赞美将来出世的共产主义，我认定都是要三千年走到无政府主义的一段"。与此同时，他还在无政府主义刊物上发表文章，表示对师复的崇敬和纪念；利用自己的政治地位为一些无政府主义提供学习的机会和就业的方便，充当无政府主义者与国民党之间的搭桥人。

1927年春，蒋介石公开叛变革命，"国共合作"变成了"国共对抗"，大革命归于失败。这种急剧变化的政治局势，重重地冲击着中国社会的各个阶级、阶层和政治集团，也重重冲击了中国的无政府主义者，迫使他们重新确定自己的政治方向。在这种政治形势下，以帮助国民党清党而大出风头的吴稚晖、李石曾等老牌无政府主义倡导者，将"安国合作"的理论溶进反共的内容，提出了"安国合作，共同反共"的理论。1927年5月，吴稚晖、李石曾又支持一批无政府主义者办起了《革命周报》，公开打出了"安国合作，共同反共"的旗帜。

在吴稚晖的倡议下，一些无政府主义者迅速走上了反共的道路。老牌无政府主义者景梅九在为《师复文存》撰写的"弁言"中，提出以无政府"高尚之主义"，作为"降妖破障之法宝"，配合蒋介石的反共活动，"击碎马克思主义和中国共产党"，成为国民党屠杀革命的可耻帮凶。无政府主义刊物《民钟》也表明："在国共分裂的时候"，"从旁援助国民党"。

总之，老牌无政府主义倡导者，自称为"烧成灰也是一个国民党员"，而同时又是一个无政府主义者的吴稚晖，是"安国合作"论的主要提倡者，是他推波助澜，把一些无政府主义者引向了"安国合作，共同反共"的道路。

第二，"安国合作"的反对派。

吴稚晖的"安国合作"的政治主张，在无政府主义阵营中引起了两种不同的反响。一部分人强烈反对吴稚晖的这种主张，认为无政府主义不应当与民族资产阶级合作，实行单纯的国民革命，不能搞统一战线。这部分人以《自由人》、《民锋》、《平等》、《民众》等刊物为阵地，对"安国合作"的主张进行抨击，对李石曾、吴稚晖等配合蒋介石的四一二政变，屠杀中国共产党人的卑鄙行径表示愤怒，对共产党人视死如归的英雄气概表示了极大的同情和钦佩。另一些人则坚决赞成吴稚晖的"安国合作"主张，他们以《革命周报》为阵地，将吴稚晖所阐述的"安国合作"的理由更加具体化，并加进更多反共的内容，公开树起了

"安国合作，共同反共"的政治旗号，配合蒋介石的四一二反革命政变，做屠杀中国共产党人的刽子手。

在"安国合作"的反对派中，《自由人》刊物的言辞最为激烈，文章最为集中。有关谴责"安国合作"的文章几乎占了一半的篇幅。其中最典型的有《对无政府主义两种怀疑的讨论》、《我的国民党观》、《从事实上批评国民党》、《无政府主义与国民党》、《无政府主义可以加入国民党吗?》、《师复不反对国民党吗?》等文，这些文章从以下几个方面对"安国合作论"进行了鞭苔和抨击。

(1) 他们指责吴稚晖背叛了无政府主义。指出："无政府与一切政党都无妥协的理由，尤其是与中国的国民党。"无政府主义与国民党是互相敌对的政党，根本不能相容。无政府主义者从事无政府革命绝不能抛弃自己的事业。吴稚晖主张"安国合作"，是对无政府主义的背叛。

(2) 他们对吴稚晖主张"安国合作"的理由进行了驳斥。说吴稚晖的"无政府革命要经过若干发展阶段才能实现"的观点是主观臆造，世上根本就不存在革命按阶段向前发展的"必然规定"，无政府革命与国民革命也没有必然的联系。"社会的进化，是根据于人间的向上心和组织力，而革命的发生也在于此。革命可以人力创造的。我们可以说无政府主义的实现，完全在于人力，并没有必然的限制"。同时无政府主义与民主政治革命是有区别的，民主政治有政府、有私产，——无政府主义无政府、无私产。明明相反，我们为什么做到后者必须经过前者呢？所谓革命发展需按阶段而行的实质，是助长资本主义剥削和压迫劳动人民的实力。像这样去实现无政府主义，真所谓"缘木求鱼"了。

（3）他们指责吴稚晖的"无政府党和国民党的共同敌人是北洋军阀"的说法是故意歪曲无政府主义原理，认为无政府党与国民党的敌人绝对不可能一致。"国民党现在的敌人，是北洋军阀，是曹锟、吴佩孚等。……无政府党的敌人是什么？是一切做总统的，一切掌握军权的，是总统，是军官，曹锟、吴佩孚固然要反对，孙中山、谭延闿、许崇智等如果做总统、握军权，也是一样的要反对"。

无政府主义者反对任何政府，不仅反对北洋军阀政府，也反对资本家政府，且把资本制度、资本家作为无政府主义者更重要的敌人，他们的最终目的，是消灭一切政府，实现无政府理想社会；而国民党仅仅只是反对北洋军阀政府，其目的是建立一个代表资本家利益的政府，是要维持资本制度。

他们揭露吴稚晖"帮助国民党"的实质是给无政府主义制造更强大的敌人。指出如果我们帮助国民党反对北洋军阀政府，等于助长了国民党的势力，"预先来造成我们的敌人"，国民党的势力强大后，对无政府革命绝没有任何好处，他们会用对付北洋军阀的办法来对付无政府主义者。也就是说，帮助国民党革命，使国民政府富强，实际上是给革命制造更大的障碍，更加增强无政府革命的难度，与其如此，倒不如不支持国民党,根本反对国民党,并立即推倒国民政府。

有人还一针见血地指出吴稚晖根本不是一个无政府主义者,而是一个坚贞的国民党员。早在1907年,他在《新世纪》上一方面只是翻译些无政府主义者的著作,介绍国外无政府主义,另一方面却极力宣传同盟会的主张,袒护张继,不断地为国民党努力。后来又作国民党的监察委员,现在又进一步表明"吴稚晖烧成灰也是国民党"。信爱在《无政府主义者可以加入国民党吗?》一文中甚至指责吴稚晖是个地道的军国主义者。"吴稚晖不是一个无政府主义者,不是一个三民主义者,吴稚晖是一个军国主义者。直到1924年,吴稚晖还提倡军国主义"。有人还讥讽吴稚晖是一个"一辈子挂无政府主义牌子,做国民党买卖的无耻政客"。他与张继"一个是委员长无政府党,一个是议长无政府党"。他们绝没有想从根本上实现无政府革命。

《自由人》的作者们还从国民党的腐败、三民主义在理论和实践上的谬误为由,拒绝接受"安国合作"的主张。

他们抓住国民党内确实存在的腐败现象,并以孙中山等对党内腐化现象的批评为口实,否定改组后的国民党是一个"革命党"。

他们对三民主义进行了全面的分析和批判。信爱的《我的国民党观》一文是其代表作。文章认为"三民主义"中的"民族主义","在现代是没有存在的理由的"。文章还从无政府主义世界主义观点出发,从根本上否定民族解放的提法,否定民族主义的价值,说:

"我们如果要谋人类的福利,我们还应该以民族为立脚点吗?"马克思主义认为,民族问题,说到底是个阶级问题。无政府主义者否定"民族"问题的观点,实质上是否定中国革命的根本任务,不仅表现了他们理论上的荒谬与肤浅,而且起到了为帝国主义帮忙的作用。

他们还指责"民权主义"没有超出西方各国"民主政治"的内容,指出"三权"也好,"五权"也好,其实质并没有改变,仍然是"利益资产阶级的政治"。他们还从无政府主义反对一切政治的观点出发,否定民主主义的价值。他们认为,"一切政治,对于大多数平民是有害无益的","民权主义"的"民主政治"也不例外,"我们只有反对了"。这些攻击,不仅说明了他们看问题的方法是形而上学的,同时也说明了他们对历史的无知,对现实政治斗争的幼稚和愚昧。对于"民生主义",他们说这是"三民主义"中最激进的部分,但同时又说它是"一种缓和社会革命的社会政策",对革命有害无益。其对民生主义的攻击,多是重复了刘师复的观点,并无什么新的内容。

总之,"安国合作"的反对派们对吴稚晖的"安国合作论"、对国民党和三民主义的剖析,就某些事实和内容而言,确实切中了要害。但是,从根本上来说,它的立场和理论都是错误的。因为它背离了中国历史发展的基本趋势,脱离了中国革命的实际进程。

第三,《革命周报》与"安国合作,共同反共"。

如前所述,吴稚晖的"安国合作"的主张提出后,曾遭到一些无政府主义的忠实捍卫者的强烈斥责。然而，吴稚晖等并未因无政府主义者的强烈反对而放弃"安国合作"的主张。相反，大革命失败以后，吴稚晖不仅在许多文章中继续坚持这个主张，而且还增添了新的内容即"安国合作，共同反共"。他纠集一批无政府主义者，创办报刊，公然鼓吹和宣传这一主张。1927年5月中旬，毕修勺、沈仲九在江湾劳动大学内创办的《革命周报》，就是直接授意于吴稚晖和李石曾。它是无政府主义者与国民党合作的重要标志，也是无政府主义右翼与国民党合流，反共反人民反革命的主要舆论工具。

《革命周报》关于"安国合作，共同反共"的论述归纳起来主要有如下几个方面。

（1）无政府主义等于三民主义。这一观点，是沿用吴稚晖等人在辛亥革命前后的一些说法，加进反共的内容，经进一步发挥而成。毕修勺在《我们是谁》一文中，从两方面论证了这一观点：其一，三民主义与无政府主义有共同的理论基础，都是建立在民生史观的基础上的。他说："历史上无论哪种现象，都是为求较好的生存而生的"，三民主义如此，无政府主义亦如此；孙中山先生所说的"民生是历史的中心"与无政府主义的"无政府以民生为根基"是一回事，都是立足于"民生"。其二，三民主义与无政府主义有共同的敌人。"国际帝国主义的侵略，军阀官僚的作恶，土豪劣绅的横行，共产党的捣乱，为国民党所不容，亦为我们无政府主义者所不容"。两者"不妨联合战线，通力扑敌"，共同"打倒军阀，抵抗外国帝国主义的侵略，改造已有的社会，消灭专制魔王的化身共产党"。毕修勺的这些论点是经不起深究的，因为无政府主义以"绝对自由"和"极端个人主义"为出发点，以立即废除政府为目标，三民主义虽然也以资产阶级个人主义为出发点，但它是要建立资产阶级共和国，两者的最终目的截然相反。

（2）以史鉴今，从分析儒、墨、道三家的特点出发，论证"安国合作"的合理性。李石曾在《政治哲学中的党派观》中把古今中外的党派分为三种，并以中国的法家、儒家、道家三家为代表予以区分。他给各家分别下有定义："法家——霸道是也（其为术也，有政治无道德；亦可曰强权，亦可曰强暴之政治）"，"儒家——王道是也（其为术也，兼政治与道德；亦可曰仁政，亦可曰和平之政治）"，"道家——人道是也（其为术也，无政治而有道德，可曰无治，亦可曰消极之政治）"。他硬把共产党归入法家，把国民党归入儒家，把无政府党归入道家，并分析了三家的特性，说法家是"夺取政权"，儒家是"赖政权施行仁义"，道家是"永不求取政权"。他甚至运用易经中的干支分类法，来说明儒、法两家"同一以运用政权为方法"，二者为争权夺利的冲突不可避免。法家的横暴与道家的仁慈又绝不相容。儒家的"赖政权施行仁义"与道家的"永不求取政权""处于利害不冲突的地位"，因此，安共合作不可能，安国合作是可能的，以此来论证吴稚晖的理论是正确的。众所周知，儒法两家固然都要以"政权为方法推行自己的政治主张"，道家的

"无为"却并非"永不求其政权",恰恰相反,道家的"无为"其目的是在有为,是在治,"无为"只是手段,"治"才是目的,"无为"的目的是"有为"、"有治"。李石曾把共产党国民党无政府党用法、儒、道来相区别,完全是不伦不类的,反映了他在理论上的贫乏。

(3) 绘制敌我态势图和革命程序图,为吴稚晖的"安国合作论"进行辩护。李石曾在《现今革命的意义》一文中,编绘的敌我态势图是:"世界革命与中国革命之共同点——打倒马派共产主义;世界革命——蒲鲁东主义打倒马克思主义;中国革命——三民主义打倒伪共产主义。"接着,他又绘制出一幅革命程序图即第一层君主革命;第二层民权革命;第三层阶级革命;第四层民生革命。革命是按程序进行的。"蒲鲁东先生意中的新世纪革命,孙中山先生意中的民生革命皆属第四层序"。因此,无政府主义者同国民党应当合作,联合反对共产党。

(4) 社会改良论。《革命周报》不断重复吴稚晖等奉为圣典的蒲鲁东的社会改良主义,不厌其烦地重印吴稚晖的《无政府主义以教育为革命说》等宣传无政府改良主义的文章,而且连续发表许多回忆旅欧勤工俭学和介绍"劳大"、讨论"工读主义"的文章,大谈"真正的革命"是"生活革命、社会革命、文化革命同时并进,是求自由、互助与进步",反对无产阶级专政。《复某君书》的作者甚至公然声称:"目前我们应以社会革命的方法振兴农工业","余如普及自由的教育，传播科学知识也未始不是社会革命的预备工作"。这种论调与其无政府主义的终极目标极不相称，实际上是走上了无政府改良主义道路，这就是"安国合作，共同反共"的理论必然要得出的结论。

第四，"安国合作"的实质是"溶安于国"。

"安国合作"的实质是"溶安于国"，这种观点在吴稚晖那里表述得十分明确，他在《天下为公——孙中山的将来主义》一文中说："什么马克思主义、无政府主义，什么共产党、无政府党，都是多余的，有'三民主义'一个主义就行了。"因为国民党包括了一切进步的党派，三民主义包括一切新鲜主义。《革命周报》所宣传的内容也清楚地说明了这一点："三民主义是无政府主义的实行，无政府主义是三民主义的理想，两种主义没有什么区别"；"无政府主义永不求其政权而要帮助蒋介石国民党求取政权；民生革命与社会革命完全是一回事，可以同时进行"。这些均明显地表明其"溶安于国"的实质，尤其是社会改良论更是明显地暴露出他们的投降主义实质，即无政府主义者投降于蒋介石新军阀，即为"溶安于国"。

还有大量的事例都可以作为佐证：①《革命周报》自1927年开办起，出刊两年多时间，但1929年，仅由李石曾、吴稚晖向其编辑人传达了国民党政府要它停刊的意向，它就立即停刊了。②聚集在广州的无政府主义者，其结局与《革命周报》大体相同，甚至"国民党化"得更彻底些。篡夺了广州工人运动领导权的"工联会"，虽然打着无政府主义的招牌，并有吴稚晖的支持，但在中国共产党所领导的广州起义失败后的第二天，就被国民党反动派强令解散。"广东机器工会"虽然暂存，也朝不保夕。自1928年起，广州的无政府主义者开始了各奔东西，章桐到南京当了银行行长，刘石心当了国民党中央建设委员会的简任秘书，高廷梓当了交通部航政司司长。广东机器工会的李德轩、李伯元、钱耀、刘章等与陈果夫、陈立夫拉上了关系，接受了CC的训练；朱敬等人则与"蓝衣社头子李新俊有了勾结"。③上海劳动大学的无政府主义者日子也不好过。"劳大"校长易培基"带来了大批湖南籍国民党人"，与无政府主义者发生了冲突。冲突的原因除一些个人因素外，主要是办学方针上的争论，冲突的结果，当然是无政府主义者以失败而告终，原来他们所设想的一套进行无政府主义教育的幻想终至破灭。"劳大"成立的第二年，沈仲九出走德国，继而陆翰文等无政府主义者先后离开"劳大"，毕修勺去了法国，"工学主义"的试验宣告破产。

总之，大革命失败前后，无政府主义者与国民党合流的历史，是由所谓的"安国合作"开场，以"溶安于国"收场的。无政府主义被溶于三民主义，无政府主义者个人则成了国民党员，甚至有的作了政客，当了特务。有几个不甘心加入国民党的人，虽然离开了原来的位置，但也不成其为无政府主义者了。这就是"安国合作"的结局。

"安国合作"的结局又一次告诉我们，无政府主义行不通，单纯的无政府的社会革命是不存在的。它的出路只有两条：一条是向右转，使无政府改良主义走向投降主义。所谓"安国合作"就是走的这一条路。另一条是从根本上放弃无政府主义的观点和立场，接受马克思主义，投入到人民革命的潮流中。五四运动以后，很多人走了这条路，如陈延年、陈乔年、黄爱、恽代英、施洋、澎湃等等。与这些人不同，一部分无政府主义者，他们既不赞成《革命周报》的"安国合作，共同反共"的主张，对蒋介石屠杀共产党的卑劣行为深恶痛绝，但又不愿接受马克思主义，仍然幻想着无政府主义的立即实现。巴金、卫惠林、君毅、卢剑波、张谦弟等人即是如此。但他们实际上已逐渐摆脱无政府主义不问实际的空想，投身于轰轰烈烈的革命斗争。尤其是抗日战争爆发以后，他们勇敢地投入到反侵略者的斗争中，无政府主义作为一种政治思潮，便被人民的革命战争所淹没。

九　无政府主义在中国的破产

1927年国内大革命失败后至抗日战争爆发，在中国现代史上，是一个大浪淘沙的严峻时期。国民党新军阀建立了反革命的军事专政，中国共产党单独领导人民进行革命。在这历史的转折时期，各个党派，各种不同思想起点的人士都必须迅速选择自己的立场，决定向哪个营垒转变。中国的无政府主义势力在政治舞台上开演了它的极其惨淡的一幕。在阶级斗争白热化，白色恐怖遍于全国之际，早已开始分崩离析的各派无政府主义者中的大部分人彷徨退缩，脱离了无政府主义队伍。坚持要搞无政府主义的就面临一个不可回避的问题，是继续反对国民党还是拥护投靠国民党？是坚持无政府主义不问实际的空想还是投身于轰轰烈烈的革命斗争？这是每个坚持无政府主义的人必须首先回答的问题。

 **一部分人投靠国民党，反对共产党**

作出这种选择的是老牌无政府主义者吴稚晖、李

石曾及其追随者。吴稚晖本来就没有多少革命气味，早在1903年的《苏报》案中他就出卖过革命家章太炎。1927年四一二政变以后，他投入国民党右派集团的怀抱，做了国民党监察委员、中央政治部长，高喊"清党"，出谋"查办共产党人案"，并支持创办反共反人民的《革命周报》，助纣为虐，成为蒋介石新军阀"围剿"中国共产党人和革命人民的可耻帮凶。"五四"以后以"最彻底革命姿态"而名声斐然的无政府主义刊物《民钟》也成为国民党剿共的吹鼓手。四一二政变后，该刊的2卷4~5期合刊上载有一封致留法无政府主义者君毅的复信，复信针对君毅提出在北伐中不妨援助国民党的意见说："我们对于国民党在相当时期，从旁援助，却是可以的（如现在国共分裂我们同情于国民党，并竭尽全力与国民党一样的反对共产党，就是援助国民党的事实）……我们不应该跟着共产党，作卑鄙龌龊、毫无人性的勾当。换言之，身入国民党而行破坏国民党的工作，我们绝对应该避免。"这种助纣为虐、向新军阀献媚取宠的反动立场深刻地暴露出无政府主义者假革命的真面目。如果说在大革命时期不少无政府主义者已经由口头革命转为抵制革命，那么这一时期，他们与革命的敌人同恶共济，正是他们合乎规律的变化，是无政府主义在中国破产的一个显著标志。正如毛泽东同志在分析小资产阶级知识分子时曾指出过的："其中一部分，到了革命的紧急关头，就会脱离革命的队伍，采取消极态度，其中少数人，就会变成革命的敌人。"

 一部分人斥责国民党，同情共产党

少部分仍然坚持无政府主义的人，他们从同情弱者、反抗强暴的人道主义立场出发，反对国民党残杀共产党和革命人民群众的暴行。这些人是"民锋社"和美国旧金山华侨无政府主义组织"平社"的成员们。他们固守着《民锋》和《平等》两块舆论阵地，一面继续阐释无政府主义的基本原理和问题，一面痛斥蒋介石新军阀的残暴行为。《民锋》杂志用大量篇幅揭露蒋介石政权镇压革命群众、戕害无辜的事实。该刊的《粤汉反动》一文揭露说：广州暴动后，国民党杀害革命群众达5500人。"武汉亦无日不在枪毙捕囚搜查之中，死者且无确数"。不独真正的共产分子被压迫被屠杀了，就是国民党内部同情共产党和革命人民的人也不免于在警备司令部割头。有人还写文章指责蒋介石不是民众的英雄，不是革命家，是像张作霖、张宗昌、孙传芳一样的魔鬼。斥责"自国民党宁汉各方清党后，国民党政府亦随之腐化，苛捐杂税加之民众，借防共产党之名，包办或破坏各工农团体，诛除异己，冤抑而死囚者累累"，"它的反动怙恶暴戾已经超过了北方的张作霖"。《平等》杂志连续发表了八篇评论国内形势的短文，声讨国民党残杀共产党和人民群众的暴行，鲜明地表示了它对蒋介石反共反人民的痛恨。该刊指出，无政府主义反共与蒋介石国民党反共有原则的区

别。"我们反对共产党是说他们不共产、不过激,阶级妥协色彩太浓。而反赤运动的诸大人先生们却骂他们共产过激,而且崇尚阶级斗争"。它以这种区分来说明无政府主义者反共产党是认为共产党在前进道路上不如他们走得远。而国民党反共则是向后转。因此,它痛加驳斥道:"各尽所能各取所需才是真正的共产的原则,这是必定要到来的。社会进化的趋势是如此。你们要反对它,无异乎那满清遗老垂着'猪尾',乡下妇女抱着小足,在痴等着圣明天子的出世。这样的举动既可笑,又可怜。哪里是反共,分明是'反动'。"该刊的《理想是杀得死的吗?》一文则针对国民党的血腥屠杀公开质问刽子手,讽刺的锋芒直指元凶蒋介石。"理想是杀得死的吗?……要是理想是可以杀得死的,那么今日堂哉皇哉做总司令做委员长的诸公,这时仍会脱了裤子伏在那抱着猪尾的畜牧面前挨了板子还要高呼谢恩咧!"

与对待国民党的态度形成鲜明的对比的是,他们对胸怀理想慷慨就义的共产党人表示钦佩和同情,有人称呼李大钊是个"殉道者",公开写文章驳斥反动的国家主义派的首领对李大钊的污蔑。芾甘在《李大钊确是个殉道者》中写道:"国家主义者的首领们坐在租界里大骂共产党徒是卢布的走狗,自然共产党中有些为卢布而去'革命'的人,但其中也有不少革命的青年。曾琦先生骂李大钊胆小,然而胆小的李大钊后来却以从容的态度,无畏的精神走上了绞台,为主义而死,在法庭上那样慷慨申辩,临死又如此勇敢!在主义上他虽是我们的敌人,在行为上,我对他却极为钦佩。我确尊敬他像一个近代的伟大的殉道者,而那位曾琦先生呢?"

应当承认,这一部分无政府主义者在革命处于劣势的关键时刻选择了反对国民党,同情共产党的立场,突破了无政府主义反动影响的局限,这与那些助纣为虐的无政府主义者相比,无疑是进步的,难能可贵的。但另一方面,从他们的认识弱点和思想矛盾中可以看出,他们突破无政府主义的局限是缺乏自觉性的。小资产阶级的生活环境和思想感情,与工农革命斗争的距离处处限制着他们,使他们看不到无政府主义的内在矛盾,从而接受新兴的无产阶级世界观。理想和现实的冲突在他们的精神世界中掀起了一次又一次波澜,但他们仍然把无政府主义当作自己的信仰的归宿,在那里寻找安宁和寄托。在政治立场上,他们和无政府主义右翼分子决裂了;在世界观上,他们并没有和无政府主义决裂,而是义无反顾的宣称:"无政府主义是我们的生命,是我们的一切。"对无政府主义的信仰不会改变,"过去没有,现在没有,将来也决不会"。

 在无政府主义道路上顽强挣扎

经过大浪淘沙后的无政府主义阵营,实际已经乱了阵脚,思想矛盾重重。对周旋于新军阀政客间的李石曾、吴稚晖之流,他们不屑一顾;而参加中国共产党,又不符合他们从刘师复那里一脉相承下来的不要

政党、我行我素的原则。在他们看来，"中国民族现在走到了一个十字路口，旧路已经断了，新路还未找到。向右转呢？是西欧的资本帝国主义（国家主义）的死路；向左转呢？是俄国列宁主义的一党专制的覆辙"。他们要以克鲁泡特金的理论为指导，探索一条既非资本主义也非列宁主义的革命道路。这些散兵游勇们在无政府主义道路上挣扎着，企图重振旗鼓，再现"辉煌"。"民锋社"虚张声势，把"民锋社"改为"中国少年无政府共产主义者联盟"，频繁在《民锋》刊物上登载各地的动态，以示他们的组织遍及南中国，仍是一支不可忽视的力量。然而这些努力都是徒劳的。1928年底，《民锋》以"措词悖谬、言论嚣张"的罪名被查禁，主持者卢剑波被上海当局明令通缉，只好外出逃避，于1931年回四川去了。

活动于美国旧金山的"平社"，从1907年7月创刊到1928年8月停刊止，发表了一系列讨论无政府主义的文章，刊登克鲁泡特金等国外无政府主义大师的名作如《人生哲学》，在大动荡大分化的历史行程中，试图通过无政府主义瞻望未来，寻觅道路。与此同时，他们也开始钻研俄法两国的民主革命历史，出版了《俄国社会主义运动史话》、《法国大革命的故事》等，希望从历史的经验教训中探索中国革命的前途，巩固自己的信念。他们着重探讨了无政府主义时起时伏、危机一次比一次深重的原因。《从资本主义到安那其主义》的作者说："我在安那其主义的阵营中经历了十年以上的生活。运动的经验常常使我感觉到理论之不统一，行动之无组织，乃是安那其主义运动之致命伤。"为了医治这一致命伤，他们写了《巴枯宁的无政府主义》，阐述克鲁泡特金学说的《无政府主义原理》，阐述无政府工团主义的《怎样做法?》，竭力主张无政府工团主义，认为这是医治无政府主义致命伤的良方。因为，它既弥补了无政府主义无组织的不足，又保留了自由的原则。他们根据法国工团主义的策略思想提出："工人要基础在无政府主义的自由原理上组织起来，全国各行各业都自下而上地建立工团组织"。"工团的职责是在管理工业方面训练工人，进行社会革命的准备"；在时机成熟时"用总同盟罢工的方法，由有组织的工人来把工业管理权抓到手里"。他们认为工团不仅使民众的创造力找到了活动的地方，而且还可以避免"革命"成为一党的垄断物，从而避免了一党专政。1928年底，《平等》月刊因经费问题被迫停刊。巴金回国，"平社"解体。

总之，大革命失败后，随着蒋介石独裁政权的思想钳制的加剧，无政府主义者被追被捕，无政府主义书刊被查被禁，"平社"解散，"民锋社"被查封，国内影响最大的也是此时期仅有的两个刊物《民锋》、《平等》停刊，无政府主义已濒临破产的境地。幸存的几个无政府主义骨干噤若寒蝉，只能星散各地进行零打碎敲的活动。如梁冰弦、郑佩纲在上海出版《晦鸣月刊》。匡互生在上海办"立达学园"来联络各地零散无政府主义者。卢剑波在四川编辑出刊《憧憬》半月刊，但都没有多少回声。无政府主义已经沉寂。

 消失于抗日战争的洪流之中

1937年,中国爆发了伟大的抗日民族解放战争。全国各种政治势力都卷入了这一时代的洪流之中,人民的爱国热情空前高涨。慑于全国舆论的压力,国民党的思想钳制政策开始松动,思想百花园中又开始呈现一些活泼的景象。在这种情况下,沉默了许久的无政府主义者又开始呻吟。1937年,卢剑波在四川乐山县出版了《惊蛰》月刊,联络张履谦、龚裴伽、刘少光等,利用该刊宣传无政府主义,主张无政府主义者都要加入抗日战争的行列。此时的无政府主义实际上是有名无实,他们已从空泛的无政府主义教条中挣脱出来,把眼光转向社会现实,主张争取政治自由,主张以战争反对战争。亚人在《展开反侵略者的抗战》一文中指出:"在资本主义社会未根本消灭以前,我们不但不希求和平,而且我们还欢迎战争,还欢迎'以血洗血,以肉偿肉'的最后肉搏战。"他们把抗日民族解放战争与无政府主义统一起来,认为"争取中华民族四万万人的政治自由与经济自由,是中国抗战的唯一目标,而这目标不但是实际地走向无政府主义斗争的途上,并且与无政府共产主义所要求的政治与经济的自由的理念是完全吻合的"。基于这种思想认识,他们明确表示赞同抗日民族统一战线,赞成"集合各党派的力量抗战",号召人们到前线去,"把每个人的血和肉作为飞机大炮去给侵略者以痛击"。范天均还与北

京的柳絮、郑伛俊联系,"计划在华北建立抗日武装基地",并组织了福建青年、广东机械工人百余人准备北上参加活动。至此,无政府主义作为一种政治思潮,一种有组织的政治派别,便被抗日战争的洪流所淹没,最终在中国破产了。可以说,正是人民革命的洪流埋葬了中国的无政府主义。

结束语

作为一种政治思潮、一个政治流派的无政府主义虽然退出了历史舞台,但是,作为一种小资产阶级政治思想,它又没有绝迹,还不时冒出来干扰着历史发展的进程,"文化大革命"中无政府主义的僵尸作祟,其教训是十分深刻的。

历史是一面镜子,后人研究历史是为了借鉴于前人,总结前人的经验教训,以利于前进。无政府主义之所以在近代中国产生,在某一时期发展还较旺盛,能够影响那么多人,除了社会历史根源外,还有认识水平问题。五四时期,那么多人信仰无政府主义,原因之一就是分不清科学社会主义与无政府主义的界限,不少人把无政府主义当作"最彻底革命"的主张加以接受。当科学社会主义在中国广泛传播并日益深入人心之后,人们认清了无政府主义的本质,划清了界限,从而抛弃了无政府主义。既然近代中国先进知识分子在探索救国救民的真理的过程中认识到无政府主义不能解决中国的社会问题,断定只有马克思主义才能救中国,那么,我们今天研究历史,就不是重新探索已被历史所否定了的东西,不是在新时代中再去衡量无政府主义以及各种社会主义的价值,而是在那时即已选定的马克思主义的道路上继续前进。

马克思主义的生命力是无穷的,她一经与实践相结合,就会产生出巨大的威力。在中国,马克思主义指导新民主主义革命和社会主义革命取得了胜利,她也必将成为社会主义建设的指路明灯,引导人民实现社会主义现代化,迈向共产主义。中国如此,世界亦然。还是李大钊说得好:试看将来环球,必是赤旗的世界!

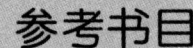 

参考书目

1. 章开沅、林增平主编《辛亥革命史》，人民出版社，1980。
2. 胡绳武、金冲及著《从辛亥革命到五四运动》，湖南人民出版社，1983。
3. 《近代中国人物传》，中国社会科学出版社，1983。
4. 李显荣著《巴枯宁传》，中国社会科学出版社，1982。
5. 陈之骅著《克鲁泡特金传》，中国社会科学出版社，1986。
6. 蒋俊、李兴芝著《中国近代的无政府主义思潮》，山东人民出版社，1991。
7. 汤庭芬著《中国无政府主义研究》，法律出版社，1991。
8. 〔日〕玉川信明著《中国的黑旗》，晶文社，1981。
9. 刘其发主编《近代中国空想社会主义史论》，华夏出版社，1986。

《中国史话》总目录

系列名	序号	书名	作者	
物质文明系列（10种）	1	农业科技史话	李根蟠	
	2	水利史话	郭松义	
	3	蚕桑丝绸史话	刘克祥	
	4	棉麻纺织史话	刘克祥	
	5	火器史话	王育成	
	6	造纸史话	张大伟	曹江红
	7	印刷史话	罗仲辉	
	8	矿冶史话	唐际根	
	9	医学史话	朱建平	黄　健
	10	计量史话	关增建	
物化历史系列（28种）	11	长江史话	卫家雄	华林甫
	12	黄河史话	辛德勇	
	13	运河史话	付崇兰	
	14	长城史话	叶小燕	
	15	城市史话	付崇兰	
	16	七大古都史话	李遇春	陈良伟
	17	民居建筑史话	白云翔	
	18	宫殿建筑史话	杨鸿勋	
	19	故宫史话	姜舜源	
	20	园林史话	杨鸿勋	
	21	圆明园史话	吴伯娅	
	22	石窟寺史话	常　青	
	23	古塔史话	刘祚臣	
	24	寺观史话	陈可畏	
	25	陵寝史话	刘庆柱	李毓芳
	26	敦煌史话	杨宝玉	
	27	孔庙史话	曲英杰	
	28	甲骨文史话	张利军	
	29	金文史话	杜　勇	周宝宏

系列名	序号	书名	作者
物化历史系列（28种）	30	石器史话	李宗山
	31	石刻史话	赵 超
	32	古玉史话	卢兆荫
	33	青铜器史话	曹淑芹 殷玮璋
	34	简牍史话	王子今 赵宠亮
	35	陶瓷史话	谢端琚 马文宽
	36	玻璃器史话	安家瑶
	37	家具史话	李宗山
	38	文房四宝史话	李雪梅 安久亮
制度、名物与史事沿革系列（20种）	39	中国早期国家史话	王 和
	40	中华民族史话	陈琳国 陈 群
	41	官制史话	谢保成
	42	宰相史话	刘晖春
	43	监察史话	王 正
	44	科举史话	李尚英
	45	状元史话	宋元强
	46	学校史话	樊克政
	47	书院史话	樊克政
	48	赋役制度史话	徐东升
	49	军制史话	刘昭祥 王晓卫
	50	兵器史话	杨 毅 杨 泓
	51	名战史话	黄朴民
	52	屯田史话	张印栋
	53	商业史话	吴 慧
	54	货币史话	刘精诚 李祖德
	55	宫廷政治史话	任士英
	56	变法史话	王子今
	57	和亲史话	宋 超
	58	海疆开发史话	安 京

系列名	序号	书名	作者
交通与交流系列（13种）	59	丝绸之路史话	孟凡人
	60	海上丝路史话	杜 瑜
	61	漕运史话	江太新　苏金玉
	62	驿道史话	王子今
	63	旅行史话	黄石林
	64	航海史话	王 杰　李宝民　王 莉
	65	交通工具史话	郑若葵
	66	中西交流史话	张国刚
	67	满汉文化交流史话	定宜庄
	68	汉藏文化交流史话	刘 忠
	69	蒙藏文化交流史话	丁守璞　杨恩洪
	70	中日文化交流史话	冯佐哲
	71	中国阿拉伯文化交流史话	宋 岘
思想学术系列（21种）	72	文明起源史话	杜金鹏　焦天龙
	73	汉字史话	郭小武
	74	天文学史话	冯 时
	75	地理学史话	杜 瑜
	76	儒家史话	孙开泰
	77	法家史话	孙开泰
	78	兵家史话	王晓卫
	79	玄学史话	张齐明
	80	道教史话	王 卡
	81	佛教史话	魏道儒
	82	中国基督教史话	王美秀
	83	民间信仰史话	侯 杰
	84	训诂学史话	周信炎
	85	帛书史话	陈松长
	86	四书五经史话	黄鸿春

系列名	序号	书名	作者	
思想学术系列（21种）	87	史学史话	谢保成	
	88	哲学史话	谷 方	
	89	方志史话	卫家雄	
	90	考古学史话	朱乃诚	
	91	物理学史话	王 冰	
	92	地图史话	朱玲玲	
文学艺术系列（8种）	93	书法史话	朱守道	
	94	绘画史话	李福顺	
	95	诗歌史话	陶文鹏	
	96	散文史话	郑永晓	
	97	音韵史话	张惠英	
	98	戏曲史话	王卫民	
	99	小说史话	周中明	吴家荣
	100	杂技史话	崔乐泉	
社会风俗系列（13种）	101	宗族史话	冯尔康	阎爱民
	102	家庭史话	张国刚	
	103	婚姻史话	张 涛	项永琴
	104	礼俗史话	王贵民	
	105	节俗史话	韩养民	郭兴文
	106	饮食史话	王仁湘	
	107	饮茶史话	王仁湘	杨焕新
	108	饮酒史话	袁立泽	
	109	服饰史话	赵连赏	
	110	体育史话	崔乐泉	
	111	养生史话	罗时铭	
	112	收藏史话	李雪梅	
	113	丧葬史话	张捷夫	

系列名	序号	书 名	作者
近代政治史系列（28种）	114	鸦片战争史话	朱谐汉
	115	太平天国史话	张远鹏
	116	洋务运动史话	丁贤俊
	117	甲午战争史话	寇伟
	118	戊戌维新运动史话	刘悦斌
	119	义和团史话	卞修跃
	120	辛亥革命史话	张海鹏 邓红洲
	121	五四运动史话	常丕军
	122	北洋政府史话	潘荣 魏又行
	123	国民政府史话	郑则民
	124	十年内战史话	贾维
	125	中华苏维埃史话	温锐 刘强
	126	西安事变史话	李义彬
	127	抗日战争史话	荣维木
	128	陕甘宁边区政府史话	刘东社 刘全娥
	129	解放战争史话	朱宗震 汪朝光
	130	革命根据地史话	马洪武 王明生
	131	中国人民解放军史话	荣维木
	132	宪政史话	徐辉琪 付建成
	133	工人运动史话	唐玉良 高爱娣
	134	农民运动史话	方之光 龚云
	135	青年运动史话	郭贵儒
	136	妇女运动史话	刘红 刘光永
	137	土地改革史话	董志凯 陈廷煊
	138	买办史话	潘君祥 顾柏荣
	139	四大家族史话	江绍贞
	140	汪伪政权史话	闻少华
	141	伪满洲国史话	齐福霖

系列名	序号	书名	作者
近代经济生活系列（17种）	142	人口史话	姜 涛
	143	禁烟史话	王宏斌
	144	海关史话	陈霞飞 蔡渭洲
	145	铁路史话	龚 云
	146	矿业史话	纪 辛
	147	航运史话	张后铨
	148	邮政史话	修晓波
	149	金融史话	陈争平
	150	通货膨胀史话	郑起东
	151	外债史话	陈争平
	152	商会史话	虞和平
	153	农业改进史话	章 楷
	154	民族工业发展史话	徐建生
	155	灾荒史话	刘仰东 夏明方
	156	流民史话	池子华
	157	秘密社会史话	刘才赋
	158	旗人史话	刘小萌
近代中外关系系列（13种）	159	西洋器物传入中国史话	隋元芬
	160	中外不平等条约史话	李育民
	161	开埠史话	杜 语
	162	教案史话	夏春涛
	163	中英关系史话	孙 庆
	164	中法关系史话	葛夫平
	165	中德关系史话	杜继东
	166	中日关系史话	王建朗
	167	中美关系史话	陶文钊
	168	中俄关系史话	薛衔天
	169	中苏关系史话	黄纪莲
	170	华侨史话	陈 民 任贵祥
	171	华工史话	董丛林

系列名	序号	书名	作者
近代精神文化系列（18种）	172	政治思想史话	朱志敏
	173	伦理道德史话	马 勇
	174	启蒙思潮史话	彭平一
	175	三民主义史话	贺 渊
	176	社会主义思潮史话	张 武　张艳国　喻承久
	177	无政府主义思潮史话	汤庭芬
	178	教育史话	朱从兵
	179	大学史话	金以林
	180	留学史话	刘志强　张学继
	181	法制史话	李 力
	182	报刊史话	李仲明
	183	出版史话	刘俐娜
	184	科学技术史话	姜 超
	185	翻译史话	王晓丹
	186	美术史话	龚产兴
	187	音乐史话	梁茂春
	188	电影史话	孙立峰
	189	话剧史话	梁淑安
近代区域文化系列（11种）	190	北京史话	果鸿孝
	191	上海史话	马学强　宋钻友
	192	天津史话	罗澍伟
	193	广州史话	张 磊　张 苹
	194	武汉史话	皮明庥　郑自来
	195	重庆史话	隗瀛涛　沈松平
	196	新疆史话	王建民
	197	西藏史话	徐志民
	198	香港史话	刘蜀永
	199	澳门史话	邓开颂　陆晓敏　杨仁飞
	200	台湾史话	程朝云

《中国史话》主要编辑
出版发行人

总 策 划 谢寿光 王 正
执行策划 杨 群 徐思彦 宋月华
　　　　　 梁艳玲 刘晖春 张国春
统　　筹 黄 丹 宋淑洁
设计总监 孙元明
市场推广 蔡继辉 刘德顺 李丽丽
责任印制 郭 妍 岳 阳